养老理财

规划有道，退休无忧

郭施亮◎著

SPM 南方传媒 | 广东经济出版社
·广州·

图书在版编目（CIP）数据

养老理财 ：规划有道，退休无忧 / 郭施亮著 . 广州 ：广东经济出版社，2025.7. -- ISBN 978-7-5454-9673-4

Ⅰ. F830. 59-49

中国国家版本馆CIP数据核字第2025GV0302号

特约策划： 香阅文化
责任编辑： 蒋先润　谢善德
责任校对： 罗玉琪
责任技编： 陆俊帆
封面设计： 仙　境

养老理财：规划有道，退休无忧
YANGLAO LICAI：GUIHUA YOU DAO，TUIXIU WU YOU
出 版 人： 刘卫平
出版发行： 广东经济出版社（广州市水荫路11号11～12楼）
印　　刷： 广东鹏腾宇文化创新有限公司
（珠海市高新区唐家湾镇科技九路88号10栋）

开　　本： 730mm×1020mm 1/16　　**印　　张：** 12
版　　次： 2025年7月第1版　　**印　　次：** 2025年7月第1次
书　　号： ISBN 978-7-5454-9673-4　　**字　　数：** 189千字
定　　价： 58.00元

发行电话：（020）87393830
如发现印装质量问题，请与本社联系，本社负责调换

前言

中年理好财，晚年享清福

随着我国人口老龄化不断加剧，60岁以上的老年人口数量越来越多，在此背景下，中年人需要提前为自己的养老生活做好规划。

这些年来，中年人对养老规划的重视程度越来越高。其中，有不少中年人开始养成存钱的习惯。有的中年人还会做一些投资理财，实现个人资产的保值增值。

“你不理财，财不理你”这句话估计很多人都听过。但是，真正读懂这句话的人并不多。学习投资理财，并不局限于发财致富、资产增值，还包括提升自己的防骗能力、增加自己的理财知识等。

对中年人而言，学习投资理财、做好人生规划是提升晚年生活质量的一个重要环节。

为什么我强烈建议中年人学习投资理财、做好人生规划？原因有三点。

第一，中年人学习投资理财、做好人生规划，可以丰富自己的理财知识、增加自己晚年的被动收入来源、享受更有品质的晚年生活。与主动收入相比，被动收入无须花费太多的时间与精力。当自己探索出一套符合自己投资需求的资产配置模式后，即可利用它实现资产的保值增值。而增加被动收入，相当于额外请一个人为你赚钱，从而提升自己的生活质量。

第二，通过学习投资理财来提升自己的防骗能力。如今，越来越多的中年人接触和使用智能手机，这其实有利有弊。其中，一个明显的弊端是智能手机里面的信息参差不齐，有很多属于未经证实或者伪造的信息，如果信以为真，很容易掉进互联网中的陷阱。

在信息高度发达的当下，缺乏互联网防骗能力的中年人更容易成为骗子瞄准的重点对象。所以，中年人学习理财知识，可以从一定程度上提升自己的防骗能力，增强自己的防骗意识，保护好自己的资金安全。

第三，学习投资理财知识，可以降低自己及家人“大病致贫”的风险。当步入晚年，身体健康逐渐走下坡路时，不可避免会患上一些疾病。如果不幸患了重病，那么要花费巨额的治疗费用，这对普通家庭来说，无疑会面临“大病致贫”的风险。如果在中年时期做好人生规划，那么可以降低这一风险。

如果你刚好看到并深入学习本书，那么本书将指引你提前为自己的晚年生活做好规划，尽可能消除“大病致贫”的潜在风险。

本书是一本专注于帮助你做好养老理财的实用指南。本书共八章，从养老理财的必要性出发，强调提前规划的重要性，并系统性地介绍了如何通过合理的理财策略实现退休后的财务宽裕与高品质生活。本书不仅涵盖了理财基础知识、风险管理、防诈骗技巧，还详细解析了适合中年人的理财方法以及主流投资品种，旨在帮助你培养财商、制定个性化的养老理财规划，最终实现晚年生活的无忧与富足。

除了中年人，本书还适合投资新手、理财爱好者等人士阅读。认真阅读本书并严格执行，相信会为你带来意想不到的收获。

郭施亮

2025年夏

目录

第一章

养老理财需要提前规划

不少中年人，手握一笔钱，却不知道怎样做投资。你是不是也有这样的烦恼？提前做好理财规划极为重要，这会影响你的财富命运，甚至是下半生的幸福生活。如何提前进行理财规划？这其实并不难。通过掌握家庭生命周期的投资特征、了解中年人的理财特点，就能制定出科学合理的理财规划。本章将通过四节内容进行深入剖析，帮助大家提升理财规划能力。

提前做好理财规划的三大理由

我们经常听到一句话，“你不理财，财不理你”。这句话的意思是说，如果不通过科学合理的方法管理财富，我们的财富将会因为各种因素而逐渐减少，相当于钱会越来越少。这句话折射出了理财的重要性。尤其是对于中年人来说，随着年龄增长，提前做好理财规划，可谓至关重要。

一、为什么要提前做好理财规划

虽然投资有风险，但我还是认为中年人需要投资理财并且提前制定理财规划。有三点理由（见图1−1−1）。

图1−1−1　提前做好理财规划的三大理由

理由一：投资理财可以助你跑赢通胀。

如果你不进行任何投资理财，那么你大概率会跑输同期通胀水平。

举个例子：1980年，拥有1万元的人可以称得上“万元户”，在当时是令人羡慕的事情；而如今，1万元只够几个月的生活费。40多年来，货币真实的使用价值在大幅缩水，同样是1万元，可以买到的东西，已经从一套房子变成了一台稍微好一点的电脑。

换言之，如果你现在拥有100万元，却不进行任何的投资理财，那么随着时间的流逝，你持有的100万元现金所代表的使用价值会大打折扣。而投资理财可以助你跑赢通胀，维持较好的货币使用价值。

陈先生在20世纪80年代是一位“万元户”。当年的陈先生非常潇洒，大家非常羡慕陈先生的家庭环境。

可惜的是，陈先生不懂得投资理财，家里上万元的现金，他只会用钱罐子装着，不愿意存银行，更谈不上用来投资理财了。

40多年过去了，陈先生因为不懂得理财，早已花光了来之不易的现金，只能依靠微薄的退休金过日子。40多年前风光无限的陈先生，如今却成了一个贫穷的人。

与陈先生相比，李先生在20世纪80年代的时候只是一名普通工人。经过自己多年来的努力，再加上家里的东拼西凑，李先生才凑够一笔可观的存款。

李先生年轻的时候就对投资理财感兴趣，即使他起初的储蓄不多，但他还是愿意把钱拿来投资，而不是全部消费或者等着贬值。

20世纪90年代初，中国股市刚刚开市，李先生用自己的储蓄买了几只股票，赚取了人生中的第一桶金。拿到第一桶金之后，李先生把赚回来的钱用来买房。几十年前，陈先生的财富高于李先生；但是，几十年后，因为李先生懂得投资理财，所以李先生的财富增长得更快，生活质量也是远远好过陈先生。

衡量投资回报收益率牵涉到一个指标，即*CAGR*（复合年均增长率）。

$$CAGR=\left[\left(\frac{\text{期末资产价值}}{\text{初始资产价值}}\right)^{\frac{1}{\text{年数}}}-1\right]\times 100\%。$$

其中，期末资产价值代表投资期结束的资产价值，初始资产价值代表投资期开始的资产价值，以年为计算单位，最终得到的是复合年均增长率。

以上证指数为例，1990年12月19日至2023年12月31日，上证指数从95.79点上涨至2974点，上证指数的复合年均增长率约为10.97%。

假如李先生从20世纪90年代初开始投资A股，那么按照上证指数的复合年均增长率计算，李先生当初投入1万元，经过33年的积累，李先生的财富将会增长至31.03万元，财富增长了约30倍（根据复利公式$F=$

$P(1+i)^n$，其中F代表的是复利终值、P代表的是本金、i代表的是利率、n代表的是总计息周期数）。

20世纪90年代初，陈先生与李先生同样持有1万元的资金，但因为他们的投资方式、消费方式不同，最终的结果也不一样。

陈先生和李先生这两个案例，告诉了我们一个道理：无论你过去多有钱，事业有多成功，但如果你不懂得投资理财，只会依赖工资收入赚钱，那么当你失去工作之后，你的生活会变得非常被动。由此可见，懂得投资理财，相当于有其他人为你赚钱。

理由二：投资理财可以让你有机会实现阶层晋升。

如果只靠工资收入，你一辈子也很难改变自己的人生命运。在实际情况中，工资收入的增速很可能会低于居民收入增速。因此，仅依靠工资收入，你很可能长期停留在当前的阶层里。

而投资理财可以让你有机会实现阶层晋升。

举个例子，2006—2007年，很多股民利用了当时的大牛市行情，实现了阶层的跃升。当时的市场指数从998点大幅上涨至6124点，市场指数涨了5倍，累计涨幅超过5倍的个股，比比皆是。

如果你当初投入了10万元，那么你很可能会在那一轮的牛市里赚了数十万乃至上百万元，在当时可以轻松买房或大幅提高生活品质。

如果你错过了2007年的大牛市，那么7年之后，你还有一次致富的机会。从2014年第四季度开始，A股市场上演了一轮杠杆牛市，到2015年6月，A股市场从2200点大幅拉升至5178点。如果你抓住了这一波牛市，那么你的财富将会显著增加，提前赚取别人需要花费10年甚至更多时间才能赚到的钱。

当然，A股市场一直有“牛短熊长”的说法。虽然投资股市很难遇到牛市，发生大牛市的概率也很低，但是投资理财绝非仅仅只有炒股一种方式。事实上，投资理财是一个大的概念，投资的方式和渠道有很多，而且一直处于动态变化之中。

我们不妨再举一个稳健增值的案例。李先生是一位中年人，也是一位理财爱好者，一有闲钱就会投资沪深300ETF（交易型开放式指数基金）。他10年前开始投资，当时沪深300指数的点位约为2200点。如果只算市场指数的涨跌幅，那么10年来李先生可以获得至少40%的投资收益率。此外，该ETF还会每年分红，折合股息率约2%，这意味着李先生通过对沪深300ETF的投资，10年时间可以获得约50%的投资收益率，折算为每年的投资收益率，明显跑赢同期银行理财、大额存单等投资品种。

虽然这笔收入未必可以改变李先生的人生命运，但起码保障了李先生10年来的资产不会被动缩水，李先生每年利用分红可以满足全年生活开支需求，也可以将剩下的钱用来全家旅游，成功实现了“钱生钱”的目标。李先生处于“上有老，下有小”的阶段，这笔额外的投资收益提升了家庭的生活质量，也增加了家庭的生活幸福感。

值得注意的是，如果对投资理财的理解足够透彻，而且科学有效，那么即使你的起跑线不高，也可以让你实现财务自由，实现阶层跃升。

理由三：有效的投资理财规划可以大幅改善生活。

众所周知，要改善个人和家庭的生活，很多时候离不开钱。只有提升收入水平，才可以实现目标。

生活质量的高低，取决于你的收入的高低。如果你的收入比较高，那么你可以购买更多的生活用品，而且在生活方式、消费方式等方面，可以比其他人更大方一些，物质需求更丰富一些。

提升自己及家庭的生活质量水平，不仅需要从主动收入下功夫，还需要从被动收入下功夫。只有通过主动收入和被动收入相结合，才能够获取更多的收入。因此，在你获取主动收入的同时，需要制定出有效的投资理财规划，这样才会从本质上提升你及家庭的生活质量。

二、什么样的投资理财规划才是有效的

到底什么样的投资理财规划才是有效的呢？最简单的判断方式是通过

理财规划能真正意义上实现资产的有效增值。但凡会发生亏损的投资理财规划，都不是有效的投资理财规划。

那么，有效的投资理财规划，由哪些部分组成？通常由四个部分组成（见图1−1−2）。

图1−1−2　有效的投资理财规划的四大组成部分

第一部分：对个人风险偏好、风险承受能力的基本判断。

做投资，要先搞懂自己的风险偏好与风险承受能力。这是判断一个人的投资风格、采取何种资产配置方式的有效方法。

一般来说，根据个人风险偏好分类，可以将投资者划分为激进型、稳健型和保守型。

激进型，意味着你可以承受比较高的投资风险。一般来说，当你的投资损失扩大至30%，甚至是更大幅度的时候，你依然没有产生明显的焦虑，那么你就属于激进型投资者。

稳健型，意味着你可以承受幅度不大的投资损失。当你的本金发生亏损，你却并未产生明显的焦虑；但当你的投资损失扩大至20%之后，你开始产生明显的焦虑。这说明你属于稳健型投资者。

保守型，意味着你通常无法承受任何的投资损失，极端情况下容忍轻微亏损（如5%以内）。当你的本金出现亏损的时候，你将会产生明显的焦虑。对亏损零容忍，也是保守型投资者的真实写照。

总结起来，对个人风险偏好最简单的判断方法是当你的投资损失达到多少时，你会产生明显的焦虑。

第二部分：根据个人风险偏好进行有效的资产匹配。

确认了个人风险偏好之后，接下来你需要找到符合自己投资需求的投资品种。

保守型投资者，他们对亏损零容忍，因此更适合保本类型的理财，例如，大额存单、银行活期和定期存款、储蓄国债和国债逆回购等。

稳健型投资者，根据他们的风险承受能力，他们比较适合一些稳健型的理财品种，例如，货币基金、银行理财产品、纯债基金和偏债基金等。

激进型投资者，因为他们对风险的承受能力比较强，所以比较适合波动率高、投资回报预期高的投资品种，例如，股票、指数型基金、可转债、个股期权和股指期货等。

对投资者来说，可以根据自己的实际情况，选择适合自己的投资品种。

第三部分：提前判断出投资组合的预期收益率。

当你完成了前两个步骤之后，需要提前判断出投资组合的预期收益率。

为何要提前判断出投资组合的预期收益率？究其原因，一方面是提前了解投资组合的投资回报预期，另一方面是提前了解投资组合的潜在投资风险。

考虑到收益与风险并存，你的投资组合收益率往往意味着你需要承受相应的投资风险。假如你的投资组合预期收益率高达10%，意味着你需要承受的潜在投资损失可能会达到10%左右。因此，提前判断出投资组合的预期收益率具有一定的实际意义。

第四部分：制定出资产回撤后的应对策略。

当你完成了上述三个步骤之后，接下来需要制定出资产回撤后的应对策略。

收益和风险总是相生相伴的。做任何投资，都会存在未知的风险。因此，在投资的过程中，我们需要做好最坏的打算。在投资之前，我们最好制定出资产回撤后的应对策略。只有做好这个准备，才能让自己的投资变得更加主动。

假如你属于激进型投资者，那么你需要设置一条资产回撤最大承受空间的红线，即当你的资产回撤幅度达到你设置的红线之后，需要做好止损，从而保住本金，然后寻找新的投资机会。

假如你属于稳健型投资者，那么你设置的资产回撤幅度可以是你的亏损最大容忍幅度。一般来说，稳健型投资者的亏损容忍度会远低于激进型投资者。所以，在实际操作中，当你的投资损失达到10%的时候，往往是需要止损的时候。

假如你属于保守型投资者，考虑到你对亏损的零容忍态度，尽可能选择保本类型的投资品种。需要指出的是，即使是保本类型的投资品种，也会存在一些投资风险。

具体来说，当你投资大额存单、定期存款的时候，虽然会有存款保险制度保护，但存款保险的最高赔付额是50万元。如果你存钱的金融机构发生了兑付风险，它最多将会按照50万元的最高赔付标准赔给你。超过50万元的部分，储户可以从投保机构清算财产中获得赔付，但这个赔付金额存在较大的不确定性。

因此，站在一般投资者的角度考虑，可以把资金分别存放在不同的银行，每家银行存入不超过50万元的存款产品。这里有两个关键点：一个是不超过50万元，另一个是存款产品。只要做到这样，你的资产安全性就会得到明显的提升。

在投资理财的道路上，你可能会遇到各种各样的问题。但是，对投资者来说，只要做好理财规划、制定有效的投资理财规划，就可以在投资理财的道路上少走很多弯路，更容易通过投资理财实现资产的有效增值。人到中年，投资理财不能犯错。一旦犯了错，投资损失的钱可能比你一年的工资收入还要多，家庭的生活质量也会大幅下降。

理财小贴士

对于年龄越来越大的中年人来说，提前做好理财规划，有利于更好地避坑，避免资产快速缩水。而制定有效的投资理财计划，需要提前判断自己的风险偏好以及风险承受能力，并根据个人风险偏好进行有效的资产匹配。在此基础上，可以判断出预期投资收益率，并且提前对资产回撤做出有效应对。这样一来，你的投资理财规划将更加科学有效，会助你实现财富的保值增值，为幸福的老年生活打下坚实的基础。

掌握家庭生命周期的投资特征

一个家庭的生命周期涵盖了婚姻、生育、教育、疾病与死亡等过程。一般来说，一个完整的家庭生命周期包括家庭形成期、家庭成长期、家庭成熟期和家庭衰老期（见图1-2-1），投资者所处的每一个阶段都会有不同的风险偏好与投资需求。

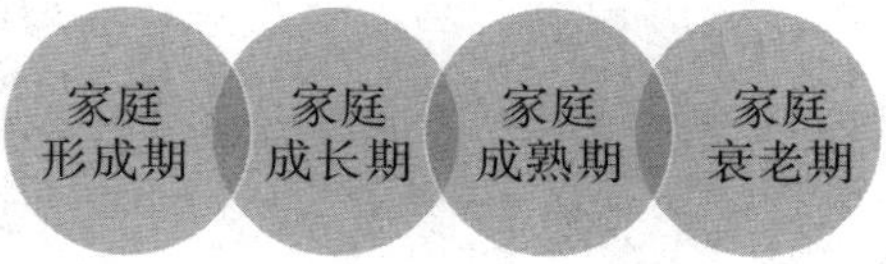

图1-2-1　家庭生命周期的四个阶段

一、家庭生命周期的四个阶段

一般来说，家庭形成期是指夫妻20～35岁的年龄段。在这个阶段，夫妻俩的风险偏好是激进型，而且更愿意追求资产的快速增值。这个阶段往往是家庭财富迅速积累的过程，如果采取保守的投资策略，显然无法满足资产快速增长的需求。

在家庭形成期，资产配置可以偏向于积极的投资理财工具。例如，可以增加股票、基金等中高风险投资品种的投资比例，为家庭财富快速积累创造有利的条件。

不过，高收益的背后往往有着高风险。所以我们不能只看到高收益，还需要把目光放在高风险上。只有多留意风险，多提升风险管理能力，才可以更好地享受资产快速增值的成果。

家庭成长期主要指的是夫妻35～55岁的年龄段。这个阶段可以分拆成两个子阶段：第一个子阶段是35～40岁，第二个子阶段是41～55岁。

在第一个子阶段，即35～40岁，依然是一个人精力旺盛的时候，也是财富快速积累的过程。因此，在第一个子阶段里，家庭资产配置可以变得更加积极，以争取实现家庭财富快速增长。

在第二个子阶段，即41～55岁，意味着一个人开始步入成熟期，甚至在事业上开始走下坡路。因此，在这个阶段，我们需要降低家庭的投资回报预期，并且开始为自己的晚年生活做资金储备。

在家庭成长期，家庭主要处于家庭成员的事业开始稳定、家庭成员开始增多的状态，也是人们常说的中年阶段。在这个阶段，我们需要加快积累家庭财富，为“上有老，下有小”的家庭结构做好准备。因此，在资产配置方面：35～40岁的阶段可以适度积极一些；但在41～55岁的阶段需要变得更加谨慎一些。同时，可以考虑配置子女教育年金、重疾险等，为家庭的日后生活做好规划，提升家庭抗风险的能力。

家庭成熟期主要是指夫妻55～60岁的年龄段，也就是中年后期阶段。在这个年龄段里，大多数人的事业开始走下坡路，家庭财富积累也趋向峰值。到了这个年龄，我们需要为自己的晚年生活做准备。如何增加晚年收入来源、如何提升生活质量，将会是在这个阶段需要考虑的事情。

家庭衰老期主要指的是夫妻60岁以后的年龄段。在这个阶段，家庭财富开始从峰值下降，家庭主要成员的收入水平也开始下降，退休之后更依赖退休金或个人养老金。在这个时期，家庭理财应该以抗风险为主，同时把重心放到“防大病”之中。

家庭生命周期的四个阶段，对绝大多数的家庭来说，是必经之路。那么，在这四个阶段，我们又该如何理财呢？通常来说，在不同的年龄阶段，我们的投资理财策略是不同的（见图1-2-2）。

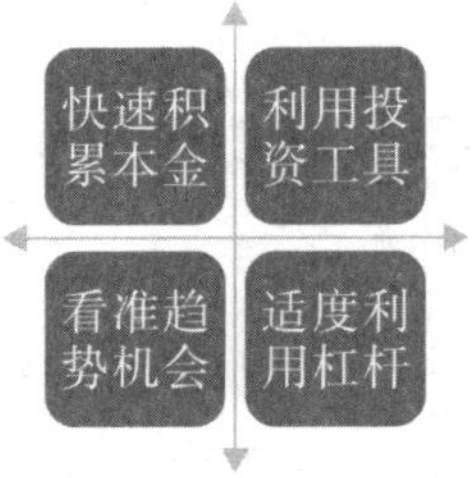

图1-2-2　四个阶段的投资理财策略

一般来说，在家庭形成期，可以投资积极的理财产品，主要目标是实现资产的快速增值。因此，可以增配一些高收益与高风险的投资品种。

对中年人来说，寻求资产的快速增值，可以从以下几方面下功夫。

第一步，快速积累个人本金，为接下来的投资理财打下坚实的基础。

如何快速积累个人本金？初期可以通过省钱和存钱实现。例如，为自己及家庭准备一个笔记本，根据每月的开支情况列一个表，一个月下来可以知道哪些开支项目可以节省，哪些开支项目不能节省。坚持半年以上，你会发现通过这种方式可以节省一笔可观的支出。

存钱不能三天打鱼两天晒网，可以通过存钱积累一笔丰厚本金的人，往往具备持之以恒的毅力。在存钱的过程中，刚开始你很难相信自己会存下很多钱，但随着自己的长期坚持，从1年、2年、3年，再到5年、10年，时间越长，存下的钱越多。

第二步，善于根据个人投资风格利用各种各样的投资工具。

如果想让资产快速增值：普通投资者可以通过股票、基金做投资；专业投资者可以利用股指期货、个股期权、ETF一级和二级市场套利做投资。相比股票、基金，复杂的金融工具可以避免市场单边下跌所造成的投资损失。但并不是所有人都适合使用复杂的金融工具，参与者需要有扎实的基本功，并且熟悉各种套利工具。

如果你对复杂的金融工具不太了解，也可以通过一些投资品种实现资产的全球配置。例如，近年来快速发展的QDII基金[①]。当A股行情不佳的时候，海外市场的QDII基金会具有一定的投资吸引力。

第三步，懂得看准趋势、看准机会。

看准趋势、看准机会，不是所有人都可以做到的。要想做好这一点，需要长期的经验积累和敏锐的投资嗅觉。如果没有丰富的投资经验，那么你很难知道什么时候是机会，什么时候是风险。

---

① QDII基金是指在一国境内设立，经该国有关部门批准从事境外证券市场的股票、债券等有价证券业务的证券投资基金。

懂得看准趋势，就是让自己懂得顺势而为，逆势离场。懂得顺势而为的人，在投资的道路上往往会更容易成功。

懂得看准机会，就是让自己具备敏锐的嗅觉，当机会到来的时候，知道如何去抓住这个难得的机会。

第四步，条件成熟时，适度利用杠杆工具。

不建议普通投资者利用杠杆工具。对资深投资者、专业人士来说，如果看到了极佳的投资机会，那么在判断出高胜率的前提下，适度利用杠杆工具可以促使个人财富快速增值。

举个例子，在2015年的杠杆牛市里，有不少胆量很大的专业投资者致富了。不过，如果当时他们没有及时获利了结，那么在之后的“去杠杆”行情中，所获利润可能要全部“吐”出来了。

因此，杠杆工具只适合资深投资者和专业人士。对普通投资者来说：遇到牛市，适度加杠杆容易让财富快速增长，加快改变自己的人生命运；但是遇到熊市，加杠杆可能会在短时间内导致财富迅速缩水，多年来的努力成果瞬间蒸发。

在家庭形成期内，如果你提前做好充分准备，懂得抓住机会、抓住趋势，那么你的家庭财富有望快速增长。

在追求家庭财富快速增长的同时，不要忽略配置保险的重要性。在22～35岁阶段，可以趁着自己经济条件不断改善的机会，提前购买一些意外险和重疾险，或者适度提高寿险保额，通过保险配置来防范突如其来的风险。

在家庭成长期内，家庭财富会从快速增长逐渐趋于稳健增长。在这个阶段，可以适度降低高收益高风险投资品种的配置比例，适度提升稳健理财品种的投资比例。

值得一提的是，在这个阶段，有不少家庭面临房贷和车贷的压力，所以在资产配置的过程中，需要留一定的现金比例，以提升家庭的抗风险能力。

在资产配置上，可以采取“433”的理财方式。

四成资金进行稳健理财，可以承受较小的投资风险，追求比保本理财更高的投资收益率，例如银行理财产品、纯债基金、超长期特别国债和可转债打新等。三成资金可以进行中高风险的投资，例如股票、基金和可转债等。其中的高股息红利策略、指数基金和可转债基金等产品可以把这部分的投资风险进一步降低。另外三成资金投资现金管理产品，而且是可以快速提现的现金产品，例如货币基金、国债逆回购和银行中短期定存等。

在家庭成长期：一方面可以为子女准备教育年金；另一方面为家庭主要成员提供保险保障，可选择的产品包括重疾险、意外险和百万医疗险等。

在家庭成熟期，需要采取更进一步的稳健投资措施。在这个阶段，中高风险的投资比例尽可能降低至两成以下，同时增加现金资产和稳健理财的投资比例。

在这个阶段，我们可以采取“541”的理财策略，在资产配置过程中适度调整投资品种的投资比例。具体来说，五成资金投向稳健理财，四成资金投向现金资产，最后一成资金投向中高风险的投资品种，以不断提升家庭的抗风险能力。

在这个阶段，考虑到家庭成员的年龄比较大，而且可能已经患有“三高”疾病，所以百万医疗险和重疾险等并不适合他们。与之相比，可以考虑抗癌险和意外险等。

在家庭衰老期，对多数家庭来说，不建议投资中高风险的投资品种，建议大幅提升现金资产的投资比例。此外，考虑到这个年龄段的老年人容易生病，建议家中随时准备一笔应急资金，以便可以在第一时间提取。在保险配置方面，可以配置意外险和看护险等。

二、每个阶段均应把风险管理放在首位

在家庭形成期，主要强调“急冲”二字，积极追求资产快速增值。在家庭成长期，主要强调“慢冲”二字，追求资产有效增长。在家庭成熟期，主要强调一个“稳”字，保障资产稳健增长，起码不要跑输同期的通胀水平。

在家庭衰老期，主要强调一个“守”字。到了这个阶段，已经没有必要追求资产增值，而是需要守住自己多年来辛苦积累的财富，所以在这个阶段，守财比发财更重要。

从家庭形成期到家庭衰老期，需要经历数十年的时间。人的一生只有短暂的数十年，任何时候都可能会发生风险，所以在家庭的每一个阶段都应把风险管理放在首位。对中年人来说，风险管理更是重中之重。

三、如何提升各阶段的抗风险能力

在第一阶段（家庭形成期），因为家庭成员比较年轻，具有比较强的抗风险能力，所以可以投资积极的理财产品。但是，这类积极的理财产品本身具有高收益与高风险并存的特征，所以投资者在追求高收益的同时，也存在高风险。

面对高风险的投资理财产品，在自己还没有足够把握的前提下，切勿使用高杠杆工具。在自己还没有充分了解、没有足够把握的时候使用高杠杆工具，很容易导致自己及家庭的财富迅速缩水，甚至会把本金亏掉。高杠杆工具本身就是一把双刃剑，涨时助涨，跌时助跌，赚钱的时候加快赚钱的步伐，亏钱的时候加快亏钱的速度。因此，并不是所有人都适合使用高杠杆工具。

此外，建议投资者在追求高收益时，只投资自己熟悉的投资理财品种，陌生的投资理财品种不建议接触。所谓熟悉的投资理财品种，即自己研究超过3年的投资理财品种，而且熟悉相关的交易规则和投资风险。

只要做好上面两点，基本上可以规避大多数的投资风险。

在第二阶段（家庭成长期），家庭成员开始增多，正处于“上有老，下有小”的中年阶段。在这个时候，需要减少高风险投资理财品种的配置比例，同时需要提前为孩子和老人配置保险，降低家庭风险。另外，还需要考虑家庭主要经济支柱的身体健康状况和就业收入情况等因素，提前做好风险防范措施。

在第三阶段（家庭成熟期），家庭收入增长速度会逐渐下降，事业开始走下坡路。这个时候需要增加家庭储备资金，同时需要为晚年生活做好充分的准备。

在第四阶段（家庭衰老期），家庭收入骤减，家庭主要依靠养老金生活，养老金收入将会直接影响整个家庭的生活质量。在这个阶段，防大病、做好养老储蓄是最好的防范风险方式。

理财小贴士

从恋爱、结婚、生育、教育子女、患疾病到死亡，每一个人都会经历这几个过程。一般来说，一个完整的家庭生命周期包括家庭形成期、家庭成长期、家庭成熟期和家庭衰老期，这四个阶段具有不同的特征。投资者需要根据不同阶段的特征进行投资，制定符合自己风险偏好和投资需求的资产配置计划。说到底，年龄是投资理财必须认真考虑的关键因素，从安全和收益的角度出发，青年和中年时期选择的投资理财品种肯定是不同的。

中年人投资理财的特点

我们经常会听到一句话：“活到老，学到老。”其实，学习的范畴很广泛，并不局限于读书考试。投资理财技巧也是学习的重要目标和方向。

在市场经济时代，无论你是年轻人还是中年人，都应该学习一些投资理财的知识和技巧，因为投资理财与我们的个人发展和生活质量密切相关。

一、中年人投资理财的特征

考虑到中年人的年龄因素，在投资理财方面，中年人比较适合学习稳健理财和保本理财的内容。激进型的投资理财方式，更适合部分风险承受能力强的投资者。对大多数中年人而言，激进型的投资理财会存在较高的投资风险，一旦影响本金的安全，对他们是极为不利的。

因此，从投资安全的角度考虑，稳健理财和保本理财是中年人最好的投资选择。

一般来说，投资理财需要考虑三个因素，分别是安全性、流动性以及收益率。安全性是投资理财的首要考虑因素。

如果按照这三个因素进行划分，那么对中年人来说，投资安全性是最核心的因素，然后是投资流动性，即考虑投资组合的变现能力和提现速度，最后才是投资收益率。

在投资理财的过程中，中年人需要尽可能考虑安全性与流动性的问题，最后再考虑收益率，这个顺序不能搞错。

二、中年人投资理财需要注意些什么

从中年人的角度考虑，首先需要为自己的风险偏好进行定位。例如，你是属于稳健型投资者还是保守型投资者？不同风险偏好、风险承受能力的投资者，适用的投资理财策略不一样，适合投资的理财品种也不一样。

确定风险偏好是中年人参与投资理财的首要步骤，也是正确认识自己的重要环节。

如何确定自己的风险偏好以及风险承受能力？最直接的办法是当你的投资损失达到多少比例的时候，你会感受到明显的焦虑。这个时候基本可以确定你的最大风险承受范围。

一般来说，激进型投资者可承受的最大投资损失率在30%以上，稳健型投资者可承受的最大投资损失率在20%左右，保守型投资者可承受的最大投资损失率在5%以内。对投资者来说，可以对号入座，根据自己的风险承受能力进行相应的风险偏好匹配。

再者，你需要找到符合自己风险偏好的投资理财产品。投资理财产品的选择将会影响投资组合的投资回报率。如果你没有找到与你的风险偏好相匹配的投资组合，那么你的资产配置结果可能与你的投资预期存在较大的差别。

你属于什么类型的投资者，可以承受多大的投资风险，就需要配置相应的投资品种。如果你的资产配置与你的风险偏好存在较大的偏差，那么你很可能无法实现自己的投资回报目标。例如：稳健型投资者适合投资银行理财、纯债基金、货币基金、中银全球策略证券投资基金和不动产投资信托基金等；保守型投资者适合投资大额存单、银行活期和定期存款、储蓄国债、国债逆回购和货币基金（见图1–3–1）。

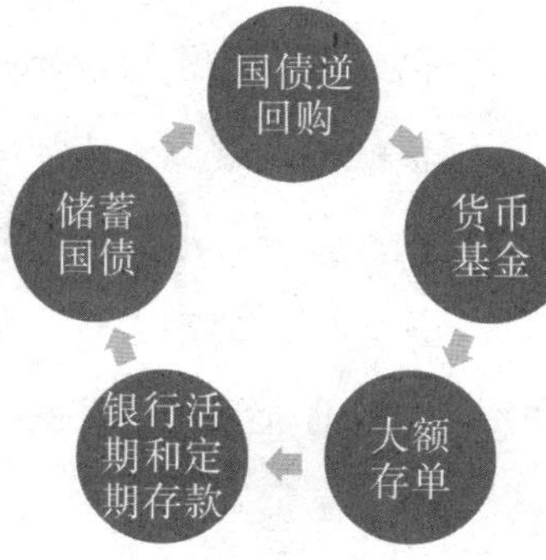

图1–3–1　保守型投资者适合投资的理财产品

不同的风险偏好，需要匹配相应的投资组合，这样才可以实现预期的投资目标。

此外，你需要对个人资产进行合理分配。不同人的财富状况、可支配资金不同，相应的投资组合、投资比例也会有所不同。

例如，在实际操作中，你需要清楚自己的财富、可支配资金，并且根据财产状况，提前规划自己的投资组合，设计各项资产的投资比例。如果你的可支配资金比较多，那么你可以在投资组合中提升各部分投资项目的投资金额。如果你的可支配资金较少，那么你需要在投资组合中适度减少各部分投资项目的投资金额，均衡各项投资品种的投资比例。

最后，你还需要考虑一些突发因素。一些突如其来的风险，可能会打乱你的投资计划。因此，你需要提前做好应对突发情况的准备。

对中年人来说，身体健康状况是首要考虑的因素。一个人步入中年之后，需要为自己储备一些应急资金，特别是随时可以提取的资金。如果你把资产全部投到有锁定期的投资品种，一旦遇到突发事情，那么你就会显得比较被动了。

举个例子，李女士今年45岁，她先生50岁，他们属于丁克族，即结婚后没有子女。步入中年之后，他们相依为命，互相照顾。

某一天，李女士的先生突然感觉不适，并被紧急送往医院治疗。医生诊断他可能中风了，需要紧急治疗。李女士需要拿出几万元为她先生办理入院治疗手续。

可惜，李女士把全部资产都投到储蓄国债，而且她才买了两个月。按照储蓄国债的投资规则，李女士可以提前兑取，但持有不满半年提前兑换并没有利息收入。李女士提前兑取这笔钱，相当于亏了两个月的利息。

李女士即使提前办理了兑取手续，也不能马上提现使用。所以，对李女士来说，没有充分考虑各种突发因素而把全部资金投到储蓄国债，显得并不明智。

陈女士也是一位中年人，但她在资产配置方面，却比李女士更灵活。

陈女士属于保守型投资者。虽然她买的是保本理财，但她更喜欢分散投资，降低单一投资的风险。

在实际操作中，陈女士会把资产划分为三份。一份投资储蓄国债、大额存单。这类投资品种的收益率较高，但也会存在提前兑取损失利息的风险。一份投资货币基金、国债逆回购。这类资产比同期银行活期和定期存款利率高，且不会存在利息损失的风险。还有一份是存放活期存款或留部分现金，作为应急之用。当遇到突发事情的时候，可以把这份资金提取出来，解决燃眉之急。

年轻人的投资理财注重一个“冲”字，中年人的投资理财更注重一个“稳”字，老年人的投资理财则更注重一个“守”字。

由此可见，对中年人来说，在投资理财的过程中，可以兼顾“稳”和“守”的风险偏好进行合理的投资组合。

三、“守”比“稳”更重要

对中年人来说，在投资理财的过程中，比起“稳”，“守”更重要。

从家庭生命周期分析，中年人的投资理财开始从“稳”向“守”转变。

“稳”更注重稳健理财，“守”更注重保本理财。随着年龄的不断增长，守财比发财更重要。

守财的本质是保障家庭财富的安全性，避免家庭财富发生本金损失。由此可见，中年人的投资理财方式应该更倾向于守财——选择适合保本理财的投资品种。例如，大额存单、国债逆回购、货币基金、银行活期和定期存款、储蓄国债和超长期特别国债等。

对保本理财而言，虽然很难为投资者带来理想的投资回报预期，也很难让投资者一夜暴富，但最起码可以保障投资者投资理财的安全性，避免资产缩水和本金损失。

因此，对大多数的中年人来说，投资安全性应该是参与投资理财的首要考虑因素，保本理财是其最佳的选择。需要提醒一句，中年人千万不要看着别人的高收益而眼红，要知道，高收益与高风险是相生相伴的。

理财小贴士

对于年轻人、中年人和老年人来说，投资理财需要考虑各自的风险偏好和投资需求，因此，不同群体的资产配置计划是不一样的。总而言之，适合自己的理财方式才是最好的。对中年人而言，安全性是首要考虑的因素，保本理财更符合他们的投资需求。

个人养老金适合哪些人参与

当前，我国人口老龄化现象日趋严重。如何应对人口老龄化问题及解决养老金收支缺口问题，将会是我们今后较长一段时间内需要面对的重要课题。

按照国际上通用的标准，当一个国家或地区60岁及以上的人口占人口总数的10%，或者65岁及以上的人口占人口总数的7%，则该国家或地区已经进入老龄化社会。

第七次全国人口普查（2020年）的数据显示，我国60岁及以上的人口为2.64亿人，占人口总数的18.70%。其中，我国65岁及以上的人口为1.91亿人，占人口总数的13.50%。由此可见，我国已进入老龄化社会。

人口老龄化加剧意味着未来劳动力减少、养老负担加重，中年人作为“夹心层”（既要赡养老人又要为子女储备资源），必须通过提早理财来应对双重压力。中年阶段是财富积累的关键期，合理配置资产、控制负债，才能避免因老龄化社会带来的经济风险被动陷入困境。

说到中年人理财，自然要涉及养老保险体系。因为这个体系直接影响每个人晚年生活的幸福指数。

一、中美两国的养老保险体系

在我国的养老保险体系中，主要有三大支柱（见图1–4–1）：

（1）城镇职工基本养老保险与城乡居民基本养老保险。

（2）职业年金与企业年金。

（3）个人储蓄型养老保险与商业养老保险。

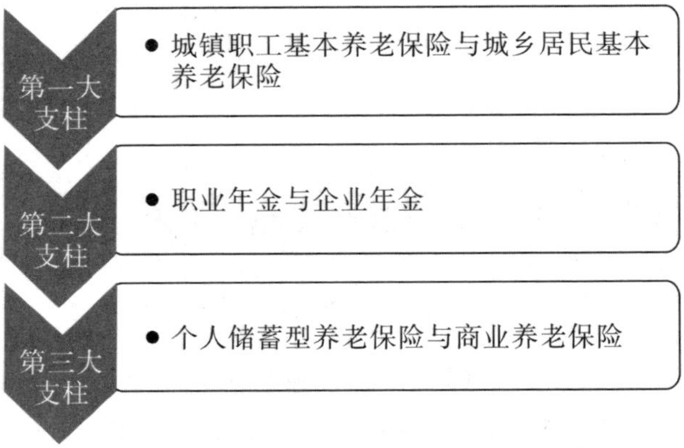

图1-4-1　我国养老保险体系的三大支柱

个人养老金制度是作为我国养老保险体系“第三支柱”的制度设计，也是我国养老保险体系的重要补充。

我国个人养老金制度的实施时间是2022年11月25日。截至2024年6月，我国已经有6000多万人开通了个人养老金账户。此外，我国个人养老金制度已经在36个城市和地区先行试点。

美国同样采取了养老保险三大支柱的模式：

（1）联邦社保基金，属于美国联邦政府发起的强制养老金计划。

（2）由企业、个人共同负担的职业养老金，也就是人们经常听到的401（k）。

（3）个人出资的养老储蓄计划，最常见的是IRA（个人退休账户）。

对美国的退休人员来说，他们的养老金主要由上述三部分组成。如果他们只参与其中一项计划，那么他们的退休金将会比较低。当然，如果他们参与三项养老金计划，那么他们的退休金将会相当可观。

虽然中美之间的养老保险体系有不少相似的地方，但从实际情况来看，我国养老保险体系下的各支柱参保率情况，却有着较大的差异。

例如，目前我国的基本养老保险参保率已经在90%以上，预计2025年将会达到95%，基本上实现全覆盖的目标。但是，作为养老保险体系的第二大支柱，我国企业年金的参保人数仅占具备参保条件职工总人数的8%；而职业年金因采取强制参保的方式，所以参保率是非常高的。

至于以个人养老金为代表的第三大支柱，自实施以来，参保人数快速攀升，至今已有6000多万人参保。但是，与我国的总人口数量相比，参保率还不到5%。除此以外，不少参与个人养老金的账户并未开通缴费，更多人只是为了领取奖励而开户，实际有效开通缴费的比例是相当低的。

由此可见，虽然个人养老金在我国的发展速度很快，但持续缴费的有效账户并不多。因此，大力发展我国养老保险体系的第三大支柱仍然任重而道远。

二、为何要参与个人养老金

对普通家庭来说，更依赖养老保险体系的第一大支柱，即城镇职工基本养老保险与城乡居民基本养老保险。在实际情况中，只有少数人参与第二大支柱和第三大支柱的项目。因为过度依赖第一大支柱，所以也导致了不少参保人的退休金不高。

肯定有很多人会问："为什么同样是30年的工龄，有的人领取的退休金较多，有的人领取的退休金较少呢？"其实，答案还是在养老保险体系的三大支柱上。

例如，A先生是机关事业单位的工作人员，单位按照较高的比例给A先生缴纳社保。同时，该单位还为A先生缴纳了职业年金，而且A先生也参与了个人养老金的缴纳。由此一来，A先生参与了养老保险的第一、第二和第三支柱的项目，到了法定退休年龄，A先生可以领取的退休金将会比较高。

B先生是一名普通企业职工。B先生参与了城镇职工基本养老保险，却没有参与企业年金。此外，B先生也没有参与个人养老保险和商业养老保险等项目。即使A先生与B先生的工龄差不多，但因为他们参与的项目不同，所以他们的养老金替代率不一样，最后所领取的退休金也不同。

作为我国养老保险体系的重要补充，参与个人养老金有几个好处：一是可以提升个人养老金的替代率及晚年生活质量；二是可以抵扣个税，为自己节省更多的个税支出；三是可以起到强制储蓄的效果，为自己的晚年增加更多的收入来源。

三、熟悉个人养老金的规则

目前，参与个人养老金以自愿为原则，并不强制参与。所以，是否参与个人养老金，完全由个人选择。

根据目前个人养老金制度的规定，年度缴费上限为12000元，相当于每个月缴费1000元。12000元的缴费上限，满足了多数参保者的需求。每月额外拿出1000元参与个人养老金，对普通家庭来说，负担不算特别重，而且可以起到强制储蓄的效果，为自己的晚年提供更多的收入保障；对参保者来说，当他们参与个人养老金之后，可以根据个人的风险偏好，自主选择不同的投资品种。

保守型投资者可以选择储蓄存款参与投资。虽然每年的投资收益率较低，但起码保障了本金安全，长期下来既可以为自己存下一笔养老资金，又可以实现资产保值。激进型、稳健型的投资者可以选择银行理财和公募基金等投资品种。虽然这类投资品种存在一定的投资风险或者兑付风险，但这类投资品种长期获利的概率比较高。如果投资者选择了公募基金进行长期投资，那么当自己到了退休的年龄时，有望获得一笔可观的投资收益。

目前个人养老金制度规定，参与投资的收益暂不征税。投资者通过个人养老金账户参与投资，不必担心投资收益额外征税的问题。此外，在个人缴费方式、领取方式以及投资组合的选择上，投资者具有很大的主动性，可以根据个人的实际需求进行灵活选择。

最后，个人养老金账户实行封闭式运行，这意味着资金投入之后不可以随意取出，需要满足一定的条件才允许取出。例如，达到领取基本养老金的年龄，或者完全丧失劳动能力属于个人养老金的取出条件。此外，出国定居也属于个人养老金的取出条件之一。

四、中年人适合参与个人养老金吗

参与个人养老金的好处是享受个税抵扣优惠、强制储蓄和获取投资收益等。但是，参与个人养老金也存在不足之处。例如，没有达到特定的条件，个人养老金不得提前取出。

那么，哪些人适合参与个人养老金呢？

从实践来看，不少参与个人养老金的投资者主要是看上了个人养老金抵扣个税的好处。

例如，如果参保者选择每年顶格12000元参与个人养老金，那么他将会享受税前扣除限额12000元。在实际情况中，并非所有人都适合参与个人养老金。如果你的收入不高，那么参与个人养老金抵扣个税的意义就不大了。

目前，我国个人所得税的起征点为每月5000元，即一年60000元。如果你的年收入不足60000元，那么你将无须承担个人所得税的税负成本。如果你的年收入高于10万元，那么你可以通过参与个人养老金抵扣个税。如果你的收入不高，那么你即使顶格参与个人养老金，但实际享受个税抵扣的金额也比较有限。

假如你的年收入超过30万元，特别是超过50万元，那么你可以通过参与个人养老金进行个税抵扣。你的收入越高，享受个税抵扣的金额越多。除此以外，你还可以通过子女教育、继续教育、大病医疗、住房贷款利息、住房租金、赡养老人及3岁以下婴幼儿照护等方式进行专项附加扣除，以享受更高的个税抵扣优惠。

换句话说，对中高收入的群体来说，参与个人养老金可以为他们带来个税抵扣的好处。

一般来说，当收入达到较高水平的时候，你可能已经不年轻了。中高收入的群体基本上集中在中年人群体。对中年人来说，参与个人养老金是一个不错的选择，既可以让自己强制储蓄，增加晚年收入来源，也可以通过投资个人养老金实现个税抵扣，节省更多的税负成本。对他们来说，参与个人养老金的好处不少。而对于低收入群体来说，参与个人养老金的实际用处相对较少。

五、中年人参与个人养老金需要做好哪些准备

如果中年人打算参与个人养老金，需要做好如下准备。

第一，充分了解自己的风险偏好和风险承受能力。

对中年人来说，可以根据自己的风险偏好和风险承受能力，灵活地选择适合自己的投资品种。如果你的风险承受能力比较弱，那么你就直接投资储蓄存款等保守型的投资品种。虽然这种投资方式基本上不会实现资产快速增值，但起码可以保障资产的安全，比较适合保守型、稳健型的投资者。假如你的风险承受能力比较强，那么你可以选择公募基金等投资品种来满足资产增值的需求。所以，充分了解自己的风险偏好和风险承受能力很重要。

第二，端正自己的投资心态，不要幻想一夜暴富。

参与个人养老金，可以让自己实现财富快速增长的目标吗？答案是否定的。

个人养老金更倾向于稳健理财、长期投资，基本上不会让投资者一夜暴富。所以，参与个人养老金的投资者，不宜对投资收益抱有太乐观的预期。

需要指出的是，投资个人养老金，不同于投资股票和投资基金。投资股票和投资基金，投资者可以短线交易，获取价差利润；参与个人养老金，投资者无法实现短期交易操作，只能通过长期投资和长期定投等方式实现资产的增值。

中年人参与个人养老金，考虑到它实施封闭式运行的特征，不能用短期的目光来看待它，需要抱着长期投资的思维，通过长期投资理财，进而实现资产稳健保值增值的效果。

第三，搭建个人养老金账户的投资组合。

个人养老金账户在投资组合的选择上，具有比较大的灵活性与自主性。在个人养老金账户里，投资品种包括商业养老保险、公募基金和储蓄存款等。

在具体的投资品种中，会有不同的分类。例如，个人养老金账户里的公募基金分为养老目标日期基金和养老目标风险基金。前者根据退休年龄进行设计，后者根据风险偏好进行设计。对投资者来说，需要根据个人的风险偏好和预期收益率等因素搭建投资组合。

在理财产品方面，个人养老金账户里主要是安全性较高的固定收益类产品。例如，我们常见的整存整取、零存整取和整存零取等储蓄存款产品。

不同的投资品种，适合不同风险偏好的投资者。投资者需要根据个人的风险偏好和实际需求搭建个人养老金账户的投资组合。

第四，了解自己的收入状况和现金流水平，制定合适的投资计划。

并不是所有人都适合参与个人养老金。如果你的年收入低于10万元，那么你参与个人养老金的性价比不高。如果你的年收入低于6万元，而且家庭长期处于勉强收支平衡的状况，那么你参与个人养老金的意义也不大。

因此，在参与个人养老金之前，首先要充分了解自己的收入状况和现金流水平，初步判断自己是否适合参与个人养老金。如果你的年收入高于30万元，且家庭现金流状况比较健康，那么你参与个人养老金的性价比会很高。

因此，中年人参与个人养老金需要量力而行，根据个人经济实力分配每月或每年的参与金额。确认参与个人养老金之后，再根据个人风险偏好和预期收益率等指标，搭建个人养老金账户的投资组合。

理财小贴士

在我国养老保险体系的三大支柱中，第二支柱与第三支柱的参保率并不高。对不少人来说，通过参与城镇职工基本养老保险或城乡居民基本养老保险，达到一定条件后所领取的退休金，只能勉强维持基本的生活需求。参与个人养老金，可以从一定程度上提升养老金替代率，增加晚年收入来源，从而提升晚年的生活质量。

第二章

理财之前先学防诈

你遇到过诈骗电话和诈骗短信吗？你是否有被诈骗的经历？在科技快速发展的今天，各种各样的诈骗方式和手段层出不穷，为了确保资金的安全，中年人必须不断提升自己的防诈能力。本章将分享一些诈骗故事，同时讲解一些实用的防诈技巧和知识。

盘点那些年的诈骗故事

涉及金钱的问题，往往离不开一些骗局。所以，在投资理财的过程中，对新技术和新业态不太熟悉的中年人，必须提高警惕，仔细甄别各种各样的投资品种，提防各种投资陷阱。

历史上发生过不少震惊中外的投资骗局。例如，17世纪的郁金香事件、20世纪初的庞氏骗局和21世纪初的安然事件等。以史为鉴，我们需要在前人的教训中总结经验，避免自己踩中投资雷区。

一、那些不得不提的投资陷阱

1. 震惊世界的郁金香事件

郁金香原产于欧洲。荷兰是世界郁金香的生产中心。17世纪中期，荷兰上演了一场郁金香的金融泡沫破裂行情，被认为是世界上最早的金融泡沫。

历史上的多次金融泡沫破裂行情，都有一个共同特征，即在金融泡沫破裂之前，都会经历一轮疯狂炒作的过程。当年的郁金香事件，在郁金香价格泡沫破裂之际，已经引发了全民的投机炒作，郁金香价格持续暴涨，这成了郁金香价格泡沫破裂的导火索。

郁金香事件是人类历史上首次有记载的金融泡沫事件，从郁金香事件中，我们可以了解全球金融泡沫的历史，并以史为鉴，减少再次踩雷的风险。

2. 击鼓传花的MMM骗局

MMM骗局属于史诗级金融骗局，通过“高收益”的宣传，在全球多个国家大行其道，本质上是一种击鼓传花的游戏。

MMM公司在20世纪90年代初开始向大众集资并许以高额利息。它可以迅速发展的原因之一是疯狂地投钱给媒体。当年几乎所有的媒体都刊登了这家公司的集资广告，因此MMM公司的知名度大举提升，人们对MMM公司的信任度也大幅提升。

MMM骗局之所以在全球大行其道，主要是因为它向投资者宣传了投资“高收益”——每周30%的收益率相当吸引人。它抓住了人性的贪婪，把人性的贪婪放大到极限。

殊不知，你看上了别人的利息，别人却看上了你的本金。世界上没有免费的午餐，当你以为吃了免费的午餐时，你可能随时会付出更高的代价。

3. 美国安然事件

2001年，美国爆发了震惊全球的安然事件。安然公司曾经是全世界最大的能源、商品和服务公司。它的破产成了美国历史上第二大的企业破产案，也成了震惊中外的知名公司财务造假案件。

在安然事件曝光之前，安然公司拥有21000名员工，而且曾披露拥有逾1000亿美元资产。在巅峰时期，安然公司的市值一度飙升至800亿美元。随着安然事件的曝光，安然公司的总市值一路跌到不足2亿美元，公司股价也跌至0.26美元。

从公司承认做假账到公司正式向破产法院申请破产保护只有不到两个月的时间。随着安然公司承认财务造假，评级机构纷纷开始下调安然公司的债务评级。曾经资产逾1000亿美元的大公司却在短时间内宣布破产，安然公司终于跌落神坛。

受到安然事件的影响，当时的五大会计师事务所之一的安达信也退出了审计业务。从此全球五大会计师事务所变成了全球四大会计师事务所，分别是普华永道、毕马威、安永和德勤。

安达信会计师事务所，在巅峰的时候拥有85000多名员工，营业额接近100亿美元。随着安然事件的曝光，安达信遭遇信任危机，退出审计业务，最终于2002年倒闭。

美国安然事件给我们带来的启示是：无论你的公司规模有多大、你的资产有多雄厚，只要你遭到了信任危机，随时会面临倒闭的风险。因此，无论是大企业还是中小企业，都需要具有危机意识，只有这样才不会被轻易淘汰。

4．美国次贷危机

美国次贷危机是2008年全球金融危机的导火索。

在次贷危机爆发之前，美国房地产市场持续繁荣，而且当时的贷款利率比较低，不少人选择了贷款购房。

买到房的投资者都会意识到贷款不容易。其中，银行会对贷款人的资质进行审核，同时会对贷款人的收入水平、信用等级进行审核。只有符合条件的贷款人，才能够获得银行的贷款。

但是，在美国次贷危机爆发之前，不少收入不稳定或者信用等级不达标的人纷纷贷款购房。这类购房者往往被称为次级贷款人。

次级抵押贷款本身存在比较高的风险。如果金融机构大量向次级贷款人提供贷款，那么一旦遇到利率大幅上升、贷款人的收入大幅下滑的情况，将会导致大量购房者无力偿还房贷。在房产集中抛售的影响下，银行收回的房产卖不出理想的价格，只能够打折出售。银行发生了严重的亏损，为次贷危机埋下了隐患。

当年的次贷危机不仅影响了美国，还影响了欧洲、日本等市场，最终引发了全球金融海啸。在次贷危机迅速蔓延的背景下，全球房地产、全球股市暴跌，不少人的财富迅速缩水。

美国次贷危机的爆发，导致很多人的财富迅速归零。这个事情给我们敲响了警钟，无论是房地产还是股市，都存在很高的投资风险。如果你采取了杠杆投资，一旦下跌趋势确立，那么你的财富将会迅速归零，过去多年积累的财富也会一夜清空。

5. 家喻户晓的P2P

从2014年开始，P2P（点对点网络借款）在国内得到快速发展，2016年之后更是出现了爆发式发展，牵涉的资金规模十分庞大。

P2P为何在国内市场可以迅速做大？归根到底，与这些机构承诺高收益、保本保息有着密不可分的联系。

当年，很多理财产品的预期收益率为3%—4%，信托产品的收益率为6%—8%。但是，对P2P来说，收益率却达到15%，有的甚至高达20%。而且，P2P还承诺保本保息。因此，P2P在迅速发展壮大的过程中，吸引了大量投资者参与，不少家庭的投资比例较高。

试想一下，既承诺了高收益，又给出了保本保息的承诺，面对如此诱惑，还有多少人不心动？

但是，如果你稍微冷静分析下，就会发现，“高收益零风险”本身是不符合逻辑的。一般来说，高收益应该与高风险并存，低收益也会与低风险并存。你收获了多少收益，意味着你需要承担多少风险。

所以，当投资者沉迷于高收益、保本保息的诱惑时，风险也逐渐到来。P2P从迅速发展到落幕，也就不到10年的时间。但是，在这10年里，多少人因贪婪而遭到了巨额的损失。中年人需要时刻提醒自己——天下没有免费的午餐。你看上了别人的利息，别人却看上了你的本金。

二、投资陷阱的常见特征

从总体上分析，有可能成为投资骗局或者投资陷阱的项目，主要具备以下几个常见特征。

第一个特征：高收益、保本保息。

高收益、保本保息是常见的投资陷阱。试想一下，高风险与高收益本来是一一对应的，意味着高风险与高收益并存，不可能存在高收益，低风险的现象，这不符合正常的投资规律。但凡宣称自己是高收益、保本保息的投资品种，大概率是投资陷阱。

第二个特征：只宣传收益，不提风险。

只要投资收益率超过5%，都不可能是包赚不赔的投资。如果某些投资品种只宣传高收益率，却从来不提投资风险，那么大概率是投资陷阱。

第三个特征：合法性无法得到保障的陌生投资渠道。

如果某一种投资渠道，你从来没有听说过，而且你看不懂它的运作原理，那么你必须远离它。合法性无法得到保障的陌生投资渠道，意味着存在很大的投资风险，甚至可能存在资金池、非法集资的风险。对投资者来说，不要只看高收益，更要看投资项目背后的投资风险以及它的合法性。

历史上那些著名的诈骗故事、投资陷阱给我们带来了深刻的教训。以史为鉴，积极总结经验，吸取教训，这样才可以让我们少走一些弯路。但凡涉及投资的事情，都需要打起十二分精神。投资本身存在一定的风险，如果不熟悉游戏规则、看不清游戏里的陷阱，那么将会付出惨痛的代价。

理财小贴士

历史上有很多著名的诈骗故事和投资陷阱，这些活生生的案例为我们提供了不少的信息参考。投资者必须以史为鉴，不断总结经验，吸取教训。通过历史信息和历史数据，投资者可以打消很多不切实际的幻想，避开可能发生的投资风险，降低在投资理财道路上的犯错概率。

中年人防诈应该注意什么

人到中年，有时候会经不起一些诱惑，当你深陷其中时，才发现是骗局。在投资理财的过程中，不少中年人容易相信一些来历不明的投资渠道。这些投资渠道往往会标注自己的产品“高收益，低风险”。信以为真的投资者因此踩中投资的陷阱。

一、不要被高收益迷惑了双眼

投资有风险，理财需谨慎。但凡牵涉到投资，我们都应该打起十二分精神。世界上没有免费的午餐，也不会存在零风险的致富机会。只要涉及金钱和投资，都应该看到风险，不要被所谓的高收益、高回报迷惑了双眼。

从本质上分析，人们之所以上当受骗，主要是因为一个“贪”字。

对中年人来说，需要守护好自己的财富，提高自己的防诈意识。最重要的是，不要被高收益迷惑了双眼，世界上几乎不存在“高收益，低风险”的投资渠道。

一般来说，希望一夜暴富的人比希望慢慢变富的人多。大多数人还是希望可以迅速致富。

但试想一下，世界上富人的占比很低，穷人的占比远高于富人。如果一夜暴富可以轻松实现，又为何出现富人少、穷人多的现象？

人到中年，投资心态应该要及时调整。对中年人来说，应该注重稳健、注重积累。在现实生活中，有时你看中别人的利息，别人却看中你的本金；你希望一夜暴富，别人却早已设下了陷阱，等着割你的“韭菜”。

二、中年人防诈普遍存在哪些问题

对中年人来说，守住财富很重要。

如何守住财富？首先要做的是提高自己的防诈能力。对中年人来说，需要时刻提高自己的防诈能力。中年人容易受骗的原因大致有以下几个（见图2–2–1）：

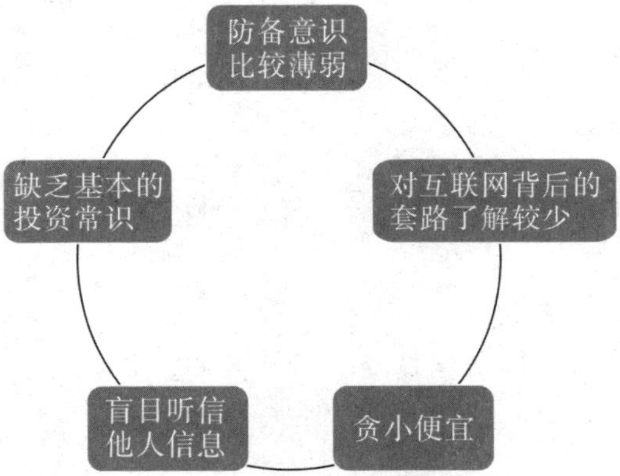

图2–2–1　中年人容易受骗的原因

1．部分中年人的防备意识比较薄弱，容易相信他人

为什么部分中年人的防备意识会比较薄弱？主要原因是他们平时缺乏沟通，特别是缺乏与年轻人沟通。这导致他们的防诈意识比较薄弱，更容易相信他人。

对中年人，尤其是快退休的中年人而言，平时可能缺乏子女的关心，容易被骗子抓住机会。骗子更容易给他们打感情牌。

骗子总会抓住中年人的心态，并深入了解他们内心深处的想法，采取各种手段来一步步取得他们的信任，最后成功骗取他们的钱财。平时缺乏沟通、缺乏社交的中年人上当受骗的概率很高。

因此，防备意识比较薄弱且容易相信他人的中年人，更可能成为被骗的对象。

2. 部分中年人对互联网背后的套路了解较少，容易踩中陷阱

互联网世界很复杂，稍有不慎，就容易踩中陷阱。大多数中年人都有上网的经历，但上网时间多不等于防骗能力强。若你过度信任网络信息，则容易陷入一些互联网的诈骗套路。

互联网本身是一把双刃剑：利用得好，可以增长知识，提升自己的社交能力；利用得不好，则会被互联网的有害信息伤害。如果轻信互联网信息，那么很可能会陷入互联网诈骗陷阱。对中年人而言，需要充分了解互联网背后的套路，增强自己的防骗意识。

3. 部分中年人爱贪小便宜，容易因小失大

部分中年人爱贪小便宜。于是，有一些不法分子开始利用这种心态打他们的主意。在生活中，因贪变贫的案例有很多。部分中年人有时候经不住一些小诱惑，最终付出了惨痛的代价。

在现实生活中，有一些骗子会拿着一些小礼物吸引中年人的注意。例如，骗子会说："只要你投资了我们的理财产品，那么你将会获得我们赠送的小礼物。"或者，骗子不会让你直接买产品，而是要你填写个人身份信息，然后做人脸识别，只有这样才能领取他们赠送的小礼物。你贪图别人的小礼物，别人却看上了你的个人信息。当你把个人信息交给对方的时候，其实已经埋下了祸根。对方可能会把你的信息出售给他人获利，也可能会利用你的信息谋取不法收入，甚至利用人脸识别工具套取你的隐私信息，并用作申请贷款，最终让你背负巨额的贷款包袱。

4. 部分中年人缺乏实地考察、深入研究的行动，盲目听信他人提供的信息

对部分中年人来说，在参与某项投资之前，信息往往来自他人。这些信息可能来自朋友、同学，也可能来自邻居街坊。但是，这些信息的专业性与可信度并不高。

从实际情况来看，陌生的投资品种、投资渠道尽可能不要投资。因为陌生的投资品种、陌生的投资渠道往往容易出现投资陷阱，稍不留神，就会导致本金丢失，得不偿失。因此，在投资理财的过程中，尽量投资自己熟悉的投资品种、投资渠道，这样可以避开大部分的投资陷阱。

我们不妨观察一下这些年出现的投资骗局，它们基本上属于新兴的投资渠道，同时打着“高息”旗号吸引投资者。换言之，只要投资者不轻易相信陌生的投资渠道，且不贪图所谓的“高息”，那么基本上就可以避开大部分的投资陷阱。

做投资之前，不妨先搜索一下相关信息，并且实地考察项目、了解产品，再用正常的投资思维来判断该投资项目是否靠谱。

5. 缺乏基本的投资常识

在现实生活中，主动学习投资学、金融学和经济学的人并不多，很多人接触投资理财仅仅只是想赚钱，对于专业知识，要么没兴趣，要么没时间去学习。不少人正是因为缺乏基本的投资常识，所以在投资理财的过程中，往往容易犯下大错。

比如，有人希望一夜暴富，而不希望慢慢变富。但是，一夜暴富并不现实，生活中真正能一夜暴富的只是极少数人。

同理，判断某个投资项目是否合理，最简单的方式是观察它的收益与风险是否匹配——高收益匹配高风险，低收益匹配低风险。如果出现了高收益、低风险，或者是高收益、零风险的情况，那么这个投资项目很可能是骗局。

如果你投资股票和基金，却不懂得判断估值的高低，选择在历史估值高位的时候大举买入，那么你最终发生亏损的概率会非常高。如果你在股票市场中可以判断出当前市场估值的高低，那么你大概率不会选择在估值高位的时候买入股票，而是会选择在估值低位的时候买入股票，这样你发生投资亏损的概率会大幅降低。

由此可见，懂得基本的投资常识，有利于降低犯错的概率。在投资的道路上，可以不用研究得太专业，但应该具备基本的投资常识。只有这样，才有机会在投资市场中赚到钱。

综上所述，中年人需要提升自己的防骗能力，增强自己的防诈意识。提升防诈能力并非一朝一夕可以实现，需要平时多学习和训练。中年人在投资时需要牢记：天下没有免费的午餐；少一些贪心，多一些谨慎；投资只做自己熟悉、看得懂的投资品种和投资渠道。如此，可以避开大多数的投资陷阱。

理财小贴士

对中年人来说，参与投资理财的第一步是增强防诈意识，避免各种各样的诈骗风险。增强防诈意识：一方面需要不断提升防诈能力，学习更多的专业知识和防诈技巧；另一方面需要积极总结其他受害者的经验，吸取教训，增强自我防诈意识。如此，就能够避开大多数的投资陷阱。

遇到诈骗，如何应对

如果你没有足够的防诈意识，那么你被骗的风险就会提高。一旦碰上了诈骗，如果你缺乏应对诈骗的意识和措施，那么你很可能会一步步进入骗子的圈套。

你在生活中遇到过诈骗吗？对不少人来说，很可能都碰到过骗子，也见识过不少的骗局，甚至有被骗的经历。如果你曾经不小心陷入了骗子的圈套里，那么你只要积极总结经验，吸取教训，以后还是可以避开大多数骗局的。

一、常见的骗术

在现实生活中，常见的骗术有以下几种。

第一种：骗子会冒充你的亲戚朋友并且打电话给你，不说出真实身份，却让你去猜测。当你无法辨别出对方是谁时，你可能会进入对方设下的圈套。

对你来说，在不确定对方身份的时候，往往会想尽办法记起对方的名字。一般来说，在紧急的状况下，你很难猜出对方是谁。

于是，对方会用急促的语气求助，并编造出一些语言让你帮他渡过难关。例如：对方谎称自己在医院做手术，等着应急资金去治病；对方可能会称自己出了事，急需要一笔资金等。

假如你不核实对方的身份，却迅速转账给对方，那么你已落入对方的圈套。在准备转账的时候，如果你开始犹豫了，对方可能会用更紧急的语气来催促你，但到了这个阶段，对方反而容易露出马脚。

一般来说，当你被诈骗的金额超过2000元时才会被立案，低于这个金额无法立案。所以，如果你被骗的金额未达到2000元，那么这笔资金基本上无法追回来。

第二种：骗子会冒充银行或者税务机关要求你补交税款，并声称如果你未能按时补交税款，那么将会冻结你的银行卡。在这个时候，如果你过度紧张，并且迅速给对方转账，那么你就落入对方的圈套了。

很多骗子受过专业的训练，对人的心理研究得非常透彻。你的内心想什么，骗子也能大概了解。骗子有一套专业的话术，会一步一步套取你的有用信息。例如：假如你是企业经营者，骗子会以补税等形式诱骗你转账；假如你是普通打工人，骗子可能会以银行工作人员的身份等来骗取你的信任，然后一步一步引导你走入圈套。

骗子有备而来，而且准备充分，你却毫无准备。这样一来，你很容易上当受骗。

第三种：骗子通过投资平台进行诈骗，要求你把资金转入指定的账户，然后给你高额返佣，并且保证每年给你20%以上的投资收益率。

贪图小便宜的投资者可能会轻易上当。当你转入第一笔资金时，对方可能会给你一点甜头，让你觉得这个投资项目是天上掉下来的馅饼。当你开始大举投入之后，这个平台会突然打不开，客服也会突然消失。这是因“贪”变“贫”的真实写照。

一般来说，这类投资平台都是不具有合法性和合规性的。这类投资平台基本上是由骗子自己创建，并且是不被法律认可的平台。只要你把钱投进去，对方就有无数种方式把你的钱占为己有。

所以，便宜莫贪，不合法、不合规的投资平台勿接触。只要做到这些，那么你就可以避开大多数的投资平台陷阱。

第四种：骗子会冒充彩票工作人员，并通知你幸运中奖。但是，你领取这笔奖金需要交税，而且交税的比例较高。在这个时候，如果你贪图这笔奖金，那么你将会失去一大笔钱。

在实际操作中，对方会冒充相关的工作人员，并通过电话或短信等方式告诉你幸运中奖，奖金高达百万元。但是，领取这笔钱之前，你需要完成交税或者交一笔保证金。如果你真的相信自己是幸运儿，那么你将会进入对方设下的圈套。

二、遭遇诈骗时，中年人应该如何应对

在现实生活中，每个人都有可能遇到诈骗。尤其是在投资理财领域，骗术层出不穷。当中年人遇到诈骗的时候，他们往往束手无策。为此，中年人必须掌握一套应对流程（见图2–3–1）。

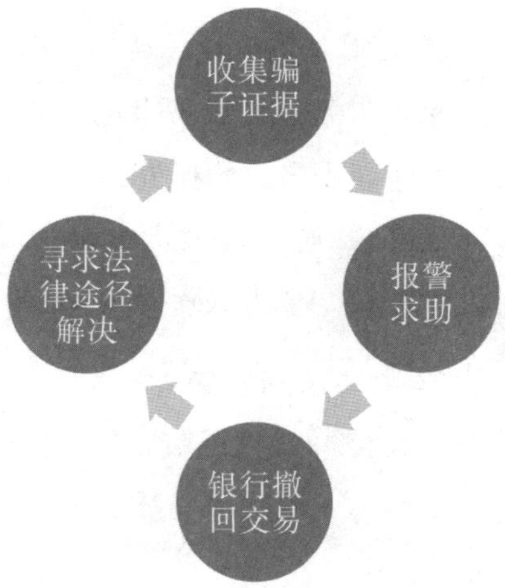

图2–3–1　遭遇诈骗时的应对流程

当遭遇诈骗时，正确的做法如下：

先积极收集证据。具体的证据包括聊天记录、语音信息、短信、电话号码、收款人和对方银行账户等。只要你收集到上述任何一项信息，追讨成功的概率就会大幅提升。

收集好证据之后，你应该立即报警求助，并告知警方你掌握的信息。如有可能，你可以到最近的派出所报警求助。现场报警求助的效果会更好。

完成了上述两个步骤之后，你应该立即联系相关银行或支付平台。有部分银行可以支持24小时撤回转账，但需要第一时间到银行柜台或网上银行咨询办理。一般来说，如果在自动取款机转账，那么在24小时内是有机会撤回交易的。如果在银行柜台进行实时转账，那么撤回交易的难度非常大，基本

上需要做好最坏的打算了。

当你完成了上述三个步骤之后，如果你想进一步提升追讨成功的概率，那么你可以寻找律师咨询或者寻求法律援助。律师可以通过专业的分析，为你提供更有用的线索，提升追讨成功的概率。

简而言之，如果遭遇了诈骗，你应该第一时间保留证据，报警求助，向相关银行或支付平台查询资金去向，并查看是否可以撤回转账。假如你被骗的金额低于2000元，而且银行无法申请撤回转账交易，那么你可能需要做好最坏的打算——赔钱买教训了。

遇到诈骗时，一定不要慌张，尽可能让自己冷静下来。紧接着，你需要迅速写下你需要处理的事情，并按照上述提及的流程一步步去完成。抓住24小时黄金时间点，尽最大可能减小自己的损失。

如今，短信诈骗、互联网诈骗和电话诈骗等诈骗手段可谓层出不穷。因此，对中年人来说，需要不断提升防诈能力。例如，多听听线上或线下的防诈课堂、多了解其他人被骗的亲身经历等。只有多听多学，才能够不断增强自己的防诈意识，尽最大可能降低自己被骗的风险。尤其是在投资理财领域，稍不注意就很容易中招。

理财小贴士

在市场经济时代，各种诈骗事件经常发生，如何增强个人防诈意识就显得非常重要了。对中年人来说，增强防诈意识，需要长期的积累，不妨利用平日的空闲时间，多听防诈课程和多读防诈书籍，提升个人防诈的能力。当然，万一不幸遭遇诈骗，还需记牢应对措施，将可能的损失降至最低。

掌握几个必备的防诈方法

在信息大爆炸时代，短信诈骗、电话诈骗和网络诈骗等事件层出不穷。我们经常会接触到各种各样的诈骗信息，稍不留神就容易陷入骗局之中。因此，我们需要具备防诈的能力。一旦我们的防诈意识大幅增强，也意味着被骗钱的概率会大幅降低，相当于为自己守住了财富。

既然防诈如此重要，那我们应该如何防诈呢？下面，提供几个必备的防诈方法供参考。

1. 但凡陌生的电话、陌生的短信和陌生的链接，都不要轻信

如今，我们每天都会收到各种各样的电话、信息和邮件。面对大量的信息，我们很难辨别出哪些是真实可靠的信息，哪些是诈骗信息。

此时，最好的办法是不要随意点开陌生短信和陌生链接，也不要随便接听陌生电话。一旦点开一些陌生短信和陌生链接，将会容易把你手机里的重要信息泄露出去，从而造成不可挽回的结果。

你可以下载一些防诈软件，提升自己电脑、手机的安全性，利用防诈软件阻挡各类陌生电话和垃圾信息。

2. 但凡牵涉到转账、金钱交易的行为，先不要着急转账交易

首先，你需要识别信息来源的真实性。例如，该信息或电话是否来自认识的人。如果是来自陌生人，哪怕对方说十万火急，或者说为你的亲人救急，你也需要打消马上转账的念头。然后，亲自打电话确认自己的亲人是否存在急用钱的需求。

再者，即使收到亲人的求助视频，你也不要着急转账。因为，在AI时

代，通过AI技术可以轻松换脸，让你防不胜防。面对这种情况，最简单的方式是直接打电话或者亲自见面确认身份，后者比前者更加靠谱。

此外，即使确实存在转账的需求，在确认对方身份之后，还需要找到支持24小时内撤回交易的银行。现在的骗局层出不穷，哪怕是确认了对方的身份，但从安全的角度考虑，选择支持24小时内撤回交易的银行更可靠一些。

一般情况下，如果对方是你熟悉的亲戚朋友，那么你一般会有对方的联系方式。你可以用平时使用的联系方式联系对方，确认对方的身份信息。如果真的存在转账的需求，那么你用平时转账的方式向对方的实名账号进行转账。

在实际操作中，但凡牵涉到金钱交易和转账信息，你都需要打起十二分精神。如果对方是你不认识的人，无论对方说了些什么，你都需要及时打消转账的念头。

3. 把自己的网银账号、支付宝等各种工具的密码复杂化

在实际操作中，有不少中年人为了方便记忆，往往会把密码设置得比较简单。例如，纯数字密码、生日数字密码等。然而，这些密码并不利于防诈，稍有不慎就很容易被骗子识别出来，导致自己银行卡内的钱很可能会被骗子取走。

现在是互联网时代，也是高度信息化时代，网络技术高手有很多，对方可能无须跟你取得联系，便轻松把你的网银密码和账号信息盗取。究其原因，主要是你设置的密码太简单，容易被骗子识破。

一般来说，纯数字密码、生日数字密码和家庭门牌号密码等，都是很容易被骗子识破的。因此，从安全的角度思考，最好的防盗方式是提升账户密码的复杂性，采取多重验证的方式提升账户的安全性。例如，采取指纹验证和视频验证，并叠加密码验证和手机短信验证的方式，提升账户的安全等级。

除此以外，在密码的设置上，你可以采取大小写和特殊符号结合的形式作为登录密码。同时，不同银行账号之间的登录密码与交易密码尽量设置不

同的密码，这样才不会被骗子轻易识破。

4. 不要在不明来历的渠道下载银行软件或者其他交易软件

有不少钓鱼平台为了获得大家的信任，故意花重金开发一个软件。这个软件与正规金融机构的软件一模一样。如果你没有在正规渠道下载软件，那么你很可能会被一些冒充官方的软件欺骗。

因此，如果你需要下载软件，那么你最好反复确认并在官方权威渠道下载相关的软件，不要轻信来历不明的下载途径，特别是不要打开带有链接的短信。

现在的诈骗手段很高明，钓鱼平台还会有专业的技术高手开发手机软件和网站等，让你轻信它的权威性。有一些网站做得与真的官网差不多，更容易取得大家的信任。如果你没有选择在正规渠道下载软件，那么你很可能会进入骗子的圈套。

虽然中年人懂得电脑上网，懂得使用智能手机，但面对来历不明的网站链接，还是需要打起十二分精神，稍不留神就容易“中招”。

例如，不要在陌生渠道下载软件，不要打开带有链接的陌生短信，不要随便接受对方的人脸识别验证等。这些方式都可以有效避开风险。与此同时，你还可以下载一些防病毒软件来阻挡各种各样的风险来源，从而大幅提升自己账户的安全性。

5. 定期变更密码、定期查询银行账户，保持一定频率的操作行为，可以有效降低风险

如果你担心自己的账户被盗刷，或者被一些黑客侵入自己的账户，那么定期变更密码、定期查询银行账户是一种很好的应对方式。对黑客来说，破解密码是需要时间的，越复杂的密码越需要花费更多的时间。如果你定期变更自己的密码，而且设置比较复杂的密码，那么基本上可以避免银行账户被黑客侵入的风险。

对黑客和骗子来说，即便他们有很强的技术，但破解密码也需要花费大

量的时间和精力。如果是简单的数字密码，也许黑客可以轻松破解。但是，如果你定期检查密码，定期修改密码，那么将会极大提升黑客破解密码的难度，黑客破解密码的时间也会变长。这意味着你账户的安全性将会得到极大的提升。

总之，增强防诈意识很重要，但增强防诈意识需要自己平时认真积累经验。例如，多观看防诈的网络教学课程、多参加社区关于防诈的宣传活动、多到网上了解相关的防诈技巧等。此外，还有一种更有效的防诈方法，即多观察分析身边亲戚朋友、网友们的受骗经历，了解他们是如何被骗的，然后通过吸取别人的教训来总结经验，增强自己的防诈意识。日积月累，自己的防诈意识与防诈能力也会大幅增强，这可大大降低被诈骗的风险。

理财小贴士

如今，各种各样的诈骗方式层出不穷，如何防诈成了大家关心的问题。对中年人来说，需要不断增强防诈意识，提升防诈能力。只要做好了准备工作，无论诈骗方式有多高明，都很难骗取你的钱财。掌握一套行之有效的防诈方法，对个人来说，是非常有必要的。

第三章

风险管理比投资赚钱更重要

听到“风险”二字，相信很多投资者都会有些担心。在参与投资理财之前，投资者首先要考虑的不是赚钱，而是风险管理。甚至可以说，风险管理比投资赚钱更重要。如果没有完善的风险管理措施，那么你赚的钱迟早也会还回去。在投资理财的过程中，如何正确认识风险和管理风险，将会影响你未来数十年的财富命运和生活质量。

为什么要重视风险管理

风险管理，无论是对企业还是对个人，都是极其重要的。

一般来说，每一家大企业都会拥有一套完善成熟的风险管理体系。完善成熟的风险管理体系有利于提升企业的抗风险能力，也有利于企业的可持续发展。假如一家企业缺乏风险管理，或者不重视企业的风险管理，那么风险给企业造成的伤害会随着时间的推移不断扩大。如果企业的抗风险能力不强，那么一旦遇到一些突发风险或者重大事件，企业很可能会迅速陷入困境，从而改变企业的发展命运。

事实上，个人也是如此。如果一个人缺乏风险意识，特别是中年人，后果是比较严重的。

一、风险管理是什么

既然风险管理很重要，那么，我们首先需要了解风险管理到底是什么。

风险管理是指在项目或企业这种必然存在风险的环境里，把风险可能造成的不良影响降至最低的管理过程。

对现代企业来说，风险管理非常有必要。完善成熟的风险管理体系可以把企业的经营管理风险降到最低。做好风险管理相当于大幅提升了企业的抗风险能力。当企业的抗风险能力大幅提升时，企业在行业中的竞争力也会大幅提升。

当我们研究大企业的时候，总会发现，在经济环境不明朗的背景下，大企业的抗风险能力会远高于中小企业的抗风险能力。最直接的体现是，大企业的风险管理体系非常完善。面对经济增速放缓、行业周期调整的压力，大企业都会提前预判出风险，并提前做好相应的应对措施。与之相比，中小企业的抗风险能力会弱一些。在问题发生之前，中小企业的生产经营一切正常。但是，当风险真的到来的时候，中小企业却变得不堪一击。

在风险管理方面：大企业往往会更加重视风险管理措施，未雨绸缪；中小企业更注重发展速度，疏忽了风险管理的措施。最终，当危机来临的时候，中小企业毫无还手之力。

因此，从投资的角度考虑：在经济景气的时候，投资中小企业容易获得超额收益率；但是，在经济不景气的时候，投资大企业的风险会远低于投资中小企业的风险。究其原因：在经济景气的环境下，中小企业的发展速度会更快，大企业则保持稳健发展的态势；在经济不景气的环境下，大企业的表现会更稳健、更具有抗跌优势，中小企业则会下跌得更多、业绩波动风险更大。

二、为何个人需要风险管理

事实上，不仅仅是企业，对个人及家庭来说，风险管理同样重要。

个人及家庭为何要重视风险管理？因为风险管理可以减少个人或家庭的财富缩水风险。每当遇到不稳定的市场环境或者不稳定的经济环境时，风险管理可以把潜在的损失降到最低。

举个例子，李先生与林先生都是职场人士，月收入都是2万元。他们都拥有一个三口之家，每月除了支付日常生活开支外，还需要支付房贷、孩子抚养费用等。

李先生是一位注重风险管理的人，平时除了支付基本的开支费用外，还会有计划地存下一笔应急资金。

李先生夫妇每月的收入是3万元，但他们每个月需要支付8000元房贷、4000元基本生活费、5000元的孩子抚养费用以及每月2000元的旅游支出等。一个月下来，李先生家庭的开支费用为1.9万元。按照李先生的收入状况，他家每个月可以存下1.1万元。

在每月1.1万元的存款中，李先生会拿出80%的资金进行投资理财，将剩下20%的资金作为应急资金，从而提升家庭的抗风险能力。

林先生与太太的每月收入合计也是3万元。与李先生的情况类似，林先生每月包括房贷、孩子抚养费用、基本生活费用等，加起来需要支付接近2万元。本来扣除所有的开支费用之后，林先生家庭应该还有1万元的闲置资金。但是，与李先生不同的是，林先生夫妇热衷于消费，每月基本上是“月光族”。由此一来，林先生家庭的抗风险能力远远低于李先生家庭。如果林先生夫妇有一天突然失业了，那么家庭的负担压力将会迅速提升。因为林先生家庭缺乏抗风险的能力，经不起大的风险。

由此可见，不仅仅是企业，对个人及家庭来说，风险管理同样重要。如果缺乏有效的风险管理，那么一旦遇到突发风险，整个家庭的生活质量将会显著下降。

无论你有多少财富，都应该重视风险管理。增强风险管理意识，相当于让你正确认识风险、理解风险，把不必要的损失降至最低。

在现实生活中，很多家庭把钱投资到股票市场中——人们往往只看到高收益，却忽略了股票市场的高风险性。在投资股票之前，你需要做好充分的风险管理措施。

试想一下，在2008年、2015年下半年股市单边下跌的背景下，如果你当时有风险管理的意识，并且制定出一套行之有效的风险管理方法，那么你的投资损失会远远低于其他人。

举个例子，2007年11月，A股市场刚刚经历了一轮非理性大涨的走势，市场指数创出了6124点的历史新高。在众人以为上证指数要挑战10000点的时候，股市却开始拐头向下。当时大多数人都在想什么时候抄底，而不是什么时候卖出股票。假如你缺乏风险管理的意识，那么在股市大跌的过程中，你的损失将会被无限扩大。

A先生属于股市投机者。他不懂得风险管理，也不知道如何做资产配置。遇到A股的牛市行情，A先生把所有积蓄投到股票市场中。但是，在A先生入市不久，A股却开始出现大幅下跌的走势。因为A先生缺乏对股票投资价值的合理判断，所以在股市持续下跌的过程中，A先生并未采取任何止损的措施，反而是想办法向亲戚朋友借钱入市，试图降低自己的持股成本。

2007年四季度到2008年四季度的A股，上证指数从6124点下跌至1664点，无数抄底者因贪婪而被深度套牢。即使你是3000点才开始抄底，但从3000点跌至1664点，上证指数已经有45%的跌幅，个股的跌幅也很大。

A先生从上证指数5500点开始抄底，5000点又买了不少，到了4500点开始借钱抄底，最终的结果也是不敢想象了。很明显，A先生属于缺乏风险管理意识的投资者。

假如你知道当时A股的估值已经高达60倍，肯定不会轻易抄底。因为这个估值意味着你需要持有数十年的时间才有机会解套。

A先生因为缺乏有效的风险管理意识，最终损失惨重，这是深刻的教训。

B先生是一位重视风险管理的投资者。他懂得如何控制风险，如何判断市场的估值，如何判断出市场是否具备投资的机会。

同样是投资A股，B先生并不是一位任性追涨的投资者。在投资之前，B先生更愿意先做一些深度的调研与分析。例如，提前了解股市的估值水平，提前判断出政策环境的变化及提前了解产业资本增减持的动作等。虽然这些分析未必会大幅提升B先生的投资收益率，但起码给B先生带来了有益的参考，减少了很多不必要的损失。

在上涨行情中，B先生的投资收益未必能跑赢A先生；但在下跌行情中，B先生的抗风险能力会远高于A先生。这是风险管理措施是否做好的真实写照。

掌握完善的风险管理措施，无论是对个人还是对企业，都会带来深远的影响。无论什么时候，你都应该重视风险管理。长期下来，你会发现风险管理的好处。拥有完善成熟的风险管理体系，意味着你减少了很多不必要的损失，相当于为自己赚了钱。

最为关键的是，随着年龄越来越大，中年人更应该注重风险管理，否则一旦投资遭遇重大损失，将直接影响未来的生活质量。

理财小贴士

风险管理听起来很陌生，但在日常生活中，每个人都会接触到它。掌握好完善的风险管理策略，对个人资产配置具有积极的影响。也许，你现在还没有认识到它的好处，如果某一天你遭受到比较大的损失，那么你肯定会认识到做好风险管理的重要性，但付出的代价过于巨大。

常见的投资风险

“投资有风险”，相信大家都听过这句话。但凡牵涉到投资理财，理论上都有风险。无论是高风险投资还是中低风险投资，都存在风险，只是风险的大小不同。即使是极低风险的保本理财，也需要拥有强有力的背书，才能够给投资者带来信心。在现实生活中，完全零风险的投资品种几乎是不存在的。

一、常见的投资风险有哪些

在市场经济时代，几乎每个家庭都离不开投资理财。那么，常见的投资风险有哪些呢?

对中年人来说，熟悉各类投资市场、投资品种的投资风险，可以帮助我们更好地去做投资。需要注意的是，投资的目的是实现资产的保值增值，而不是为了亏钱。不以资产保值增值为目标的投资理财，并不是真正意义上的投资理财。因此，在我们做投资理财之前，首要任务是认识风险、增强对风险的理解。假如你没有风险管理的意识，盲目做投资，那么亏钱的概率是比较大的。

在投资理财的过程中，我们会接触到很多风险，主要包括市场价格的波动风险、信用风险、流动性风险、汇率风险以及道德风险等（见图3-2-1）。

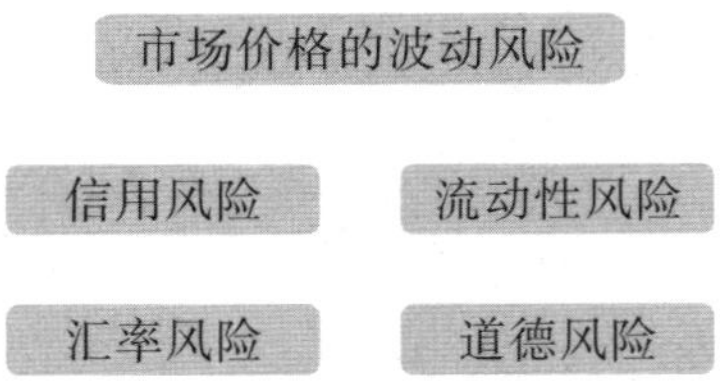

图3-2-1　常见的投资风险

二、风险的识别

1. 市场价格的波动风险

无论我们是投资股票、基金，还是投资债券，都会面临市场价格的波动风险。其中，最典型的投资渠道和品种当属股票和基金。股票和基金作为高风险与高收益并存的投资渠道和品种，它们的价格波动率很高。在投资之前，你需要深入了解股票市场与基金市场的价格高波动率与高风险性。如果你没有丰富的投资经验、有效的风险管理策略，那么你可能会在市场中亏钱。

市场价格的波动往往具有随机性、不可预测性。所以我们无法准确地判断出市场价格的未来走势，只能借助以往的投资经验、基本面数据以及技术指标等因素去分析判断，以减少不必要的投资失误。在实际情况中，无论你的数据分析有多厉害、投资嗅觉有多灵敏，都无法完全避开风险。不可预测性是股票和基金最真实的写照。

2. 信用风险

所谓信用风险，即违约风险。例如，当你购买的信托产品和银行理财产品无法如期做到本息兑付时，就会触发违约风险，也就是信用风险。

近年来，部分上市房企无法如期兑付美元债，从而引发信用风险。对一家企业来说，信用很重要。一旦触发信用风险，企业将会承受沉重的冲击。

对投资者来说，需要时刻关注金融机构的信用风险。只有具有高安全性的金融机构，它们发行或代销的理财产品的安全性才会得到保障，发生兑付风险的概率才会显著降低。

对企业家来说，需要时刻守住自己的信用底线。一家企业只有具备良好的信用等级，才会获得银行的贷款以及合作伙伴与投资者的信任。

3. 流动性风险

在股票市场中，如果上市公司长期无法获得资金的关照，就容易陷入流动性风险。在港股市场中，头部公司占据了大部分的流动性，大部分中小市值股票的日均成交额少得可怜，长期处于流动性不足的状态。当上市公司出现某一张大卖单的时候，股价容易出现非理性大跌的走势。这是流动性风险惹的祸。

除了港股市场之外，包括A股市场等主要投资市场，也出现过流动性风险。随着A股市场的持续扩容，A股上市公司数量在不断增加。但在存量资金博弈的大环境下，头部公司占据了大部分的流动性，量化策略影响了部分的流动性，剩下分配到每家上市公司里的存量流动性也就更少了。于是，对部分中小市值股票和冷门股票来说，它们很可能会出现流动性风险。一旦市场出现某一笔大单卖出，那么股价也会发生剧烈波动的走势。

不仅仅是股票市场，货币基金市场同样也深受流动性的影响。

虽然货币基金的安全性较高，但货币基金的潜在风险也是不可小觑的。例如，巨额赎回风险。如果某只货币基金的投资者结构比较单一，而且深度依赖某一家机构投资者，一旦该机构投资者做出巨额赎回的行为，那么将会引发该只货币基金的净值大幅波动。巨额赎回风险也属于流动性风险的一种。

此外，对个人而言，如果你在投资理财的过程中，未能做好合理的资产配置，并把全部资产投到流动性不佳的投资品种中，那么，当你遇到紧急的事情，就无法在第一时间取出资金，这将会让你陷入被动的境地之中。这也是流动性风险的重要体现。

4. 汇率风险

汇率风险其实很容易理解，即持有外币资产的汇率波动风险。对留学生、出国旅游者来说，在出国之前，需要兑换一笔外币。但是，在兑换外币的时候，需要盯着汇率的变化。

在实际操作中：如果本币升值，那么将会兑换到更多的外币，对于出国留学或出国旅游来说，显得更加有利；如果本币贬值，那么兑换的外币会有所减少，从一定程度上增加了出国的开支负担。

假如你是汇率的投机者，那么汇率的波动对你的影响会更大。稍有不慎，会容易导致自己损失一大笔钱。相比起股票和基金，汇率的波动风险不可小觑。有时候汇率投资买错了方向，会给自己造成较大的投资损失。

5. 道德风险

所谓道德风险，主要体现在信息不对称的条件下，当一方因为不需要承担后果而冒更高风险的行为。这可能会导致投资损失。

例如，你委托代理人管理财产，代理人本该凭借专业的能力为客户制定出更好的资产配置计划。但是，在实际操作中，代理人却不考虑客户的实际情况，做出了不利于客户切身利益的投资决策，从而损害了客户的切身利益。

总之，在现实生活中，有很多常见的投资风险，有的投资风险被大家认识，有的投资风险却容易被大家疏忽。必须了解的是，任何投资本身都有各种风险，能否规避这些风险的关键在于你选择了哪些投资品种以及如何识别这些风险。

因此，在投资理财的过程中，我们需要学会了解风险、识别风险和抵御风险。了解风险和认识风险是做投资前的重要功课。不懂得风险的人、不擅长风险管理的人，往往很难在投资道路上走得更远。需要特别提醒的是，与年轻人相比，中年人的时间更为宝贵，因此中年人更应该积极防范风险，在投资理财过程中，不宜太过激进。

理财小贴士

在投资理财的道路上，我们经常会遇到各种各样的风险。其实，风险并不可怕，可怕的是你对风险没有一个正确的认识。基于此，了解风险、识别风险和抵御风险，都是投资理财过程中必不可少的环节。当我们对投资风险了解得足够多时，也就容易制定出应对之策，进而在投资的道路上走得更远。

忽略风险管理会产生哪些后果

很多人都知道风险管理的重要性，但可能很少有人真正了解忽略风险管理的后果。下文会举一些案例。看完这些案例之后，相信大家会对风险管理的重要性有更深入的认识。

一、两位中年人的投资风险管理

林先生是一位白领，已经40岁。为了尽快过上更好的生活，每个月收到工资，在扣除基本生活费等费用后，他喜欢把剩余的钱用来投资理财。

林先生是一位激进型投资者。他总是抱有一夜暴富的梦，希望借助股指期货、股票和个股期权等工具实现财富大涨的梦想。对他来说，只要身上有闲钱，就会毫不犹豫地投向上述提及的投资渠道。

众所周知，股指期货和股票等都是属于高风险与高收益并存的投资品种。如果投资成功了，确实会获得财富大幅增长的成果。但是，如果投资失败了，将会承受资产快速缩水的风险。

在股票市场中，常有“七亏二平一赢”的说法。期货和期权等投资品种的投机性更强，除了需要具备扎实的投资技巧，也要看投资者的运气。

林先生是一位不服输的人。在股票和期货亏损累累的情况下，他并未反思自己的操作有无问题，而是一门心思想着翻身回本。于是，他向朋友借了20万元用来投资，希望把之前亏的钱赢回来。然而，林先生的运气并未改变，用借来的钱投资的项目继续发生亏损，不仅把自己的钱亏掉了，还欠了一身债务。如今，人到中年，却欠下20万元外债，林先生懊悔不已。

林先生属于不懂得风险管理的投资者。他的风险管理能力并不合格。

假如林先生懂得风险管理、懂得及时止损，那么林先生的损失也不至于那么大。由此可见，缺乏有效风险管理投资行为的人，更容易吃亏。

与林先生年龄相仿的朱先生，是一位职业投资者。他平时很讲究风险管理。擅长投资股票的他，一直严格执行止损的铁律。

2015年上半年，朱先生凭借高效的资产配置方案实现了资产的有效增值。到了2015年6月，市场处于加速冲顶的过程中，朱先生凭借敏锐的嗅觉，感觉到这个时候风险会大于机会。于是，朱先生进行了减仓操作。随后，股市大幅下跌，并触发朱先生的止损线。朱先生全部止损出局，基本上保住了本金与利润。

2015年下半年，A股大幅下跌，朱先生基本上躲过了一轮非理性下跌的风险，成了当年A股市场为数不多保住本金与利润的“赢家”。

保住了之前投资的本金与利润之后，朱先生开始寻找其他靠谱的投资渠道，以追求资产的保值增值。当时，因为股票市场的大幅下跌，不少投资渠道深受影响，真正具有保值增值功能的投资渠道并不多。

为了保住胜利的果实，朱先生选择把钱投到稳健的理财渠道中。一部分投资银行理财、一部分投资大额存单和储蓄国债，剩余的资金投资货币基金，通过稳健的理财方式实现资产的有效保值，为下一次在股市抄底做好充分的准备。

在机会到来的时候，朱先生果断出手；当风险降临之际，朱先生果断抛售手中的高风险筹码，并把胜利的果实掌握在自己的手中。从这一番操作来看，朱先生称得上投资市场中的赢家。

从林先生与朱先生两位中年人的案例中，可以发现懂得风险管理的朱先生更容易成为赢家。林先生因为自身的性格以及缺乏风险管理的意识，最终付出了沉重的代价。

在实际情况中，像朱先生那样的投资赢家是少数，多数人会像林先生那样，总是抱有一夜暴富的想法。

试想一下，投资市场本身是财富再分配的场所，你赚钱的同时，意味着别人在亏钱。你赚钱的原因可能来自信息差的优势，也可能来自个人的运气。但是，真正拉开人与人之间的财富差距，关键要看赚钱的持续性。如果只是一两次赚钱，更多是运气成分。真正的实力是持续赚钱，并且把资产回撤幅度控制在一个可控的范围之内。

二、忽略风险管理会产生哪些后果

在实际操作中，忽略风险管理会产生哪些后果？

1．造成巨大的财务损失

如果没有完善的风险管理措施，一旦遇到极端的市场环境，你的财产将会出现较大的损失。

以2008年的A股大熊市为例，在股市下跌趋势确立后，聪明的投资者会及时做出止损的策略。但是，后知后觉的投资者，在缺乏有效风险管理措施的背景下，容易出现犯错的风险，从而导致投资损失进一步扩大。

与2008年的单边下跌相比，2015年下半年的“去杠杆化”行情更是导致了大量财富蒸发。因为杠杆的因素，投资者的亏损速度会大幅提升。正常情况下，股价即便下跌30%，只要不卖出，属于浮亏，还可以耐心等待股价回升。如果使用了高杠杆工具，那么当股价下跌30%的时候，意味着你的投资损失可能会达到40%以上。如果你的杠杆比例较高，财富缩水速度会更快。

与个人相比，企业的这种损失会呈现出几何式增长。因为企业的资产规模更大、负债比例更高，一旦发生危机，企业的损失将会远远高于个人的损失。

一般来说，成熟的大企业都会有一套行之有效的风险管理措施，一旦遇到突发事件，它们会在第一时间处理危机，尽最大可能减少不必要的损失。因此，大企业的抗风险能力会更强。当经济开始逐渐回暖的时候，它们也会率先走出低谷。

2．影响声誉

与财务损失相比，声誉损失对企业来说会更加直接。财务损失只是阶段性的，但声誉损失是长期性的，甚至是永久性的。

因此，站在企业的角度考虑，维护企业的声誉有时候会比减少财务损失更重要。因为，企业声誉不是一朝一夕就有的，而是经过漫长的时间才能慢慢积累起来的。

近年来，发生了多起“黑天鹅”事件导致企业声誉大幅降低的案例，而且牵涉到一些大企业。

对一些大企业来说，应对突发事件，通常采取的策略是公开道歉，并且迅速下架相关的产品，赔偿受害者的损失，尽最大可能挽回声誉。然而，有一些事情，对企业品牌形象的冲击影响是深远的，并不是道歉赔偿就可以处理好的。事情曝光可能只有短短半小时，但企业要完全消除这个负面影响，或许需要半年，甚至是几年以上的时间。

那么，如何用最快的速度消除负面事件的影响？如何在最短的时间里挽回企业的声誉呢？对企业来说，关键还是做好充分的风险管理和充足的准备。

对于中年人来说，在选择投资产品和目标对象时，要特别考察投资产品和目标对象的过往记录、历史业绩和管理人等因素，千万不要只看别人承诺的高收益，否则，稍不留意就会得不偿失。

理财小贴士

在投资理财的过程中，风险可谓无处不在。对于中年人来说，要想控制风险、防止资产大幅缩水，需要树立风险意识，并制定有效的风险管理措施。如果忽略风险管理，不仅会造成财务损失，而且还会造成声誉损失，也有可能带来资源浪费等其他风险。

提升风险管理能力的方法

前面三节，分析了很多关于风险管理的内容。本节内容具体探讨提升风险管理能力的方法。

风险是无处不在的，无论是个人还是企业，都需要树立起风险管理意识，制定出完善成熟的风险管理措施。这并非一朝一夕可以完成，而是需要长期积累。如何提升风险管理能力？我们需要掌握一些方法。

经过多年实践，我认为风险管理能力的提升，有一套行之有效的步骤和方法（见图3-4-1）。

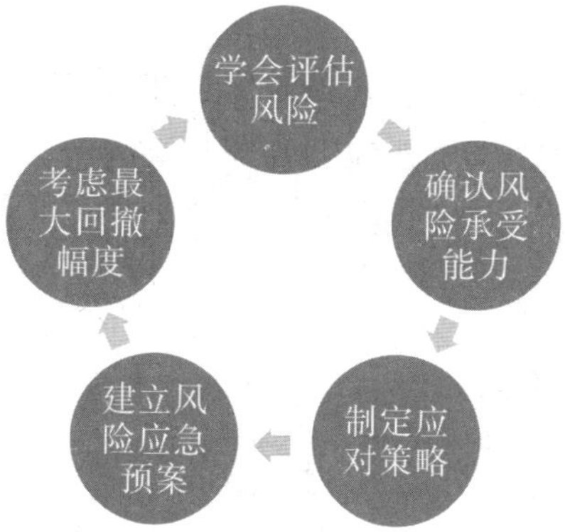

图3-4-1 如何提升风险管理能力

1. 学会评估风险

以投资理财为例，市面上有大量的投资理财产品，但我们不可能全部买一遍。此时，我们就需要根据个人的风险偏好进行投资品种的筛选。例如，激进型投资者、稳健型投资者和保守型投资者肯定要筛选不同的投资品种进行资产配置。筛选投资品种的过程属于评估风险的一部分。投资者会从多个维度开展评估，筛掉那些不符合要求的产品。

在现实生活中，我们可以发现，如果你需要证券公司和银行等提供理财服务，那么它们会要求你定期测评你的风险等级，然后根据你的测评结果来匹配相关的投资品种。

以银行为例，银行投资品种风险等级一般分为五个等级，分别是R1谨慎型、R2稳健型、R3平衡型、R4进取型和R5激进型。不同的风险等级代表不同的风险承受能力。如果你的风险等级还没有达到某一个级别，那么你是无法购买更高风险的投资品种的。只有你的投资风险等级与你投资的品种风险相匹配，你才能够投资相应的品种。

对保守型投资者来说，主要匹配到R1级谨慎型投资品种。R1级谨慎型投资品种的主要特征是本金大概率可以得到完全偿付，但低风险对应的是低收益。

对稳健型投资者来说，主要匹配到R2级稳健型投资品种，虽然不保证本金的完全偿付，但本金损失风险相对较小。

至于R3级平衡型投资品种，则需要承担一定的本金损失风险，比R2级稳健型投资品种的投资风险高一些。

绝大多数保守型与稳健型的投资者适合R1级到R3级的投资品种，再往上风险等级的投资品种更适合激进型投资者。因为R4级和R5级投资品种的投资风险较高，而且存在极大的本金损失风险。

2. 确认风险承受能力

当你对自己的风险承受能力有一个初步评估之后，接着需要确认自己的风险承受能力，了解自己属于激进型、稳健型，还是保守型的投资者。

接下来，我们需要根据自己的风险偏好和风险承受能力选择投资品种，深入分析哪些投资品种适合激进型投资者参与，哪些投资品种适合稳健型投资者参与。例如，激进型投资者更适合增加股票、基金和期货的投资比例，而保守型投资者则适合增加大额存单、储蓄国债及中长期特别国债的投资比例。

3. 制定应对策略

经过前面的两个步骤之后，接下来就是制定具体的应对策略。

一是了解哪些投资品种需要回避，哪些投资品种需要增加投资比例。

如果你属于激进型投资者，那么你应回避收益率很低、波动率很小的投资品种。因为这类投资品种不太可能带来太高的投资收益率，自然也就达不到投资的目标。如果你属于保守型投资者，那么你应该回避高风险、高波动率的投资品种。例如，股票、基金、期权和期货等。因为一旦市场出现剧烈波动，资产缩水是很快的，可能让你的心脏受不了。

二是需要制定一个降低风险的策略。

对激进型投资者来说，在追求高收益的同时，需要制定一个风险对冲的策略。在实际操作中，激进型投资者可以把80%以上的资金投资到高风险的投资品种中，再把20%的资金投资到现金管理产品中，或者通过国债逆回购实现资产保值。这样一来，既可以为自己抄底补仓创造出有利的条件，也可以把闲置资金和补仓资金盘活，降低对高风险投资品种的过度依赖。

三是通过风险对冲工具完成对高风险投资品种的风险对冲。

对激进型投资者而言，如果你投资了较大比例的沪深300ETF，那么你可以通过股指期货进行套利，或者利用ETF套利规则完成套利过程，实现风险对冲。不过，这一类的套利策略更适合资深投资者，或者对ETF、股指期货和个股期权有深入了解的投资者，一般投资者未必适合这类投资方式。

四是提前制定止损止盈的策略。

止损止盈策略，主要用于股票、基金和股指期货等投资品种。所谓止损，即当某一投资出现亏损，且达到预定亏损幅度和亏损金额的时候，及时卖出止损，避免亏损扩大；所谓止盈，简单来说，就是见好就收，当价格达到预定的目标价时，采取止盈卖出的策略，达到获利了结的目的。

经历过2008年、2015年下半年及2021年A股市场行情的投资者，会对止损止盈的概念有很深入的认识。在下跌趋势中，懂得止损很重要。如果遇到了极端市场行情，那么很有可能会导致你的本金大幅缩水，陷入深度亏损的状态。

五是动态调整风险管理策略。

值得注意的是，我们在根据自己的风险偏好搭建好投资组合之后，还得动态调整风险管理策略。因为即使风险策略再完美，也不可能完全应对所有的市场风险。此外，在降低投资风险的同时，我们还得想办法尽可能让投资组合的投资收益率最大化。

4. 建立风险应急预案

无论个人还是企业，都应该建立风险应急预案。因为风险无处不在，任何人都不知道风险何时降临。一旦碰上极端的市场环境，立即启动风险应急预案，可以最大限度降低投资风险，减少投资损失。

通常来说，风险应急预案由两部分组成。一是考虑到最极端、最悲观时的资产配置策略。例如，当遇到极端市场环境的时候，我们该如何规避风险，尽最大可能降低投资的损失。二是完善资金退出机制，并提前建立应急资金的提取通道。这样在遇到极端情况时，可以满足日常基本生活需求。

对个人来说，必须时刻树立危机意识，提前建立风险应急预案。当危机发生的时候，有充分的应对准备，可以最大限度地减少亏损。这一点对中年人来说，显得相当重要。

5. 考虑最大回撤幅度

客观来说，风险到底什么时候到来，谁都无法准确预判。别说个人，即使是实力雄厚、专业人才较多的大企业，也无法做到完全避开风险。

在风险到来之前，除了做好风险应急预案之外，我们还需要考虑最大回撤幅度，并做好最坏的心理打算。

为何要做好最坏的心理打算？我们不妨了解一下墨菲定律。它是一种启发性原则，主要指出任何可能出错的事情最终都会出错。在现实生活中，即使人们已经具备了卓越的问题解决能力，但危机与风险却始终无法完全避免。简而言之，你不想发生什么，最终将会发生什么。套用到投资市场中就是你不想自己的资产缩水过半，但最终的结果却是缩水过半，事情总会往自己最悲观的预期去发展。

因此，在参与投资之前，我们需要提前考虑最大回撤幅度，并做好最坏的心理打算。按照这个最悲观的心理预期，制定出相应的解决方法。

通常来说，在投资理财的过程中，只要做好上述几个方面的准备，我们就可以最大限度地降低投资风险，减小资产缩水的空间。值得注意的是，中年人的年龄越来越大，承受风险的能力变弱，纠错的时间更少，因此更需要建立一套适合自己的提升风险管理能力的方法。

理财小贴士

在做任何一项投资之前，投资者都需要提前了解风险、认识风险，并根据个人的风险偏好，制定符合自身投资需求的资产配置方案与风险管理方案。其中，提升风险管理能力非常重要。掌握这个技巧可以让你更好地规避风险，更好地应对市场中可能出现的极端情况。对于中年人来说，考虑到年龄以及风险承受能力，建立完善的风险管理体系更为重要。

第四章

养老理财需要培养好财商

智商、情商、财商、德商、胆商、健商和灵商等，你知道哪几个？对大多数人来说，智商与情商可能已经耳熟能详，但对于何为财商，如何提高财商，财商为何如此重要等知识知之甚少。本章将重点介绍关于财商的关键内容。对于中年人来说，培养好财商，将会决定你与他人之间的财富差距。

财商思维为何如此重要

在现代社会，为了应对复杂的世界，除了智商和情商之外，一个人还应该拥有财商、德商、胆商、健商和灵商等。

在各种“商”之中，我们最熟悉的是智商和情商。这是人们在生活学习中经常接触到的。事实上，在众多“商”之中，并没有哪个重要，哪个不重要的说法。

本节内容，我们主要谈一谈财商。

一、何为财商

谈到投资理财，我们必须搞懂一个概念——什么是财商？

财商的“财”，也就是我们熟悉的财经和财富。财商的本义是金融智商。而财商也可以概括为两种能力，分别是创造财富的能力和驾驭财富的能力。

简而言之，一个是赚钱发财，另一个是守住财富。

针对财商，最好的培养时间是青少年阶段。一个人培养财商的时间越早，越有利于提升他的财商能力。所以，很多有前瞻眼光的父母在孩子小的时候就开始培养孩子的财商。这是聪明的做法，可以为孩子埋下智慧的种子，对孩子的未来发展有着积极和重要的影响。关于如何培养孩子财商的问题，推荐阅读知名财商专家姚茂敦写的少儿财商书《钱小兔学经济（全5册）》。这本书一套5册，图文并茂，通俗易懂，对孩子的财商培养很有好处！

无数实践证明，培养财商思维，可以改变自己的财富命运。这是目前可以改变人生命运的有效方法。

培养财商思维为何重要？因为，当你拥有了财商思维，那么你不仅从年轻时受益，而且还可以在中年阶段以及老年阶段受益。要知道，投资理财永不过时，培养财商思维是我们改变人生命运的关键方式之一。

判断一个人能否创造更多财富的最好方式是看他是否具备财商思维。在现实生活中，并不是所有人都拥有财商思维，真正拥有财商思维，并得到实践应用的人还是少数。

二、怎样才能拥有财商思维

想拥有财商思维，首先需要拥有丰富的知识面。丰富的知识面包括掌握基本的财务知识、会看财务报表、熟读各种金融和经济书籍、学会各种投资理财技巧等。如果没有丰富的专业知识，就很难称得上拥有真正意义上的财商思维。

要想成为拥有财商思维的人，除了需要拥有宽广的知识面之外，还需要经历反复探索、不断试错和长期积累的过程。

试错是一个艰辛而有意义的过程。如果你想要成为理财高手、拥有成熟的财商思维，那么你就要学会试错。如果一个人不敢尝试、不愿意试错，那么这个人很难成功。

很多知名的企业家和成功人士获得成功的根本原因是懂得试错，并在反复试错的过程中总结经验。自己踩过的坑，绝对不会再踩第二次。由此可见，对普通人来说，要想改变命运，第一步是学会试错。

不要光羡慕别人的成功。在羡慕他人的时候，不妨问一下自己：我是否学会试错？我是否懂得总结经验？我是否会让自己连续多次掉到同一个坑里？只要你想通了这些问题，很多难题就会迎刃而解了。

三、拥有财商思维的人具有哪些特征

当你拥有了财商思维，在投资理财的过程中，你会变得更加自律，言行举止会更加严谨和规范。因为拥有财商思维的人明白自己需要什么，懂得如何去改变。

以投资理财为例，拥有财商思维的人往往会有以下几个特征：

1. 经常学习，让自己的大脑长期保持活跃思考的状态

拥有财商思维的人，无论是三四十岁还是六七十岁，都会保持着持续学习的习惯，并通过不断学习，不断缩小自己与其他人的差距，让自己处于最佳状态。

2. 制定详细的投资理财计划，并认真落实到位

投资理财计划如同他们的军令状，不仅有计划，而且认真落实，这样才能获得预期的回报。

3. 有铁一般的纪律，自律性极强

与普通人相比，拥有财商思维的人更容易成功。这并不是因为他们的智商更高，而是因为他们拥有铁一般的纪律，自律性极强。坚持一两周的自律不算真正的自律，只有坚持长时间甚至一辈子的自律，才是真正意义上的自律。

4. 更愿意订立中长期目标，定期查看自己与目标的差距

订立不同时期的奋斗目标是拥有财商思维的人经常做的事情。订立目标之后，他们会定期查看一下自己与目标的差距有多远。这样不仅会认识到自己的不足，也会看到自己与目标的差距。值得注意的是，订立的目标可以分为短期、中期和长期目标，不同的目标对应实施的具体策略是不同的。

5. 强制储蓄，把储蓄变成一种长期习惯

很多人一辈子存不了多少钱，主要原因是他们开支多、不懂得储蓄，不知道自己的钱花在哪里。但是，对拥有财商思维的人来说，他们会采取强制储蓄的策略，减少自己的花销。长期强制储蓄将会令他们比同龄人更快实现

财务自由。

6. 懂得利用复利投资

与单利投资相比，复利投资可以促使资产更快增值。对普通人来说，如果本金比较少，他们可能看不上复利投资所增加的收益。但是，复利讲究的是投资时间，即投资时间越长，年化收益率越高。复利投资的回报是相当惊人的。没有足够耐心的人很难感受到复利投资带来的投资成果。

7. 心态足够平稳，不受市场价格上下波动的影响

心态影响着投资收益。从长期的角度分析，心态好的人更容易取胜，心态不好的人则很难赚大钱。对拥有财商思维的人来说，他们的心态会比一般人更好，抗压能力也会更强。即使面对价格的大幅波动，他们依然会以平常心看待。

8. 更注重被动收入，此项占比不断提升

与主动收入相比，被动收入往往不会花费太多的时间与精力，却可以收获可观的投资收益。例如，房屋出租收入、股票投资收入、股息分红收入和广告收入等。自己坐在家里，无须每天上班，依然可以获得可观的收入。

9. 懂得分散投资，不会把所有鸡蛋放到一个篮子里

拥有财商思维的人会更倾向于分散投资。通过分散投资，他们可以把投资风险分散开。与只投资某一个投资品种相比，分散投资更加科学，可以避免资金过于集中，或者避免因不幸遭遇意外而全军覆没的潜在风险，在资产配置时也容易获得更高的投资性价比和更好的安全保障。

10. 懂得控制风险，风险意识很强

世界上几乎不存在完全没风险的投资品种。考虑到风险与收益的对称性，当你的投资风险很低的时候，往往意味着你的投资收益率也会非常低。

低风险、高收益是不存在的。但凡号称高收益、保本保息的投资产品，基本上是骗局或陷阱。因此，在投资理财的道路上，需要提高警惕，打起十二分精神，这样才能够提升自己避险的能力。

从实战来看，拥有财商思维的人的风险意识很强，并且懂得控制风险。即使遇到资产回撤，他们也可以控制好资产回撤的幅度，减少不必要的投资损失。

拥有财商思维为何这么重要？归根到底，主要在于财商思维会让人受益一生——甚至到了七八十岁的年龄，也会因为早期的财商思维而过上富裕的生活。基于此，处于赚钱和事业旺盛期的中年人，必须抓住机会，有意识地培养自己的财商思维，为幸福的老年生活打下坚实的物质基础。

理财小贴士

掌握财商思维极为重要，从某种意义上来说，这足以影响一个人的一生。不过，财商思维并非天生的，而是一步一个脚印积累的。如果能够从孩子阶段开始启蒙财商思维，自然是好事。但是，错过了早期的培养也无妨。人到中年，开始有意识地训练自己的财商思维，从消费行为、储蓄习惯和理财技巧等多个方面进行改变，这将会深刻改变你的人生命运。

树立正确的金钱观念

一个人从出生那一刻起，再到离开这个世界，几乎每时每刻都会直接或间接地与钱打交道。因此，每一个人都应该树立起正确的金钱观念。特别是中年人，正是处于精力旺盛、快速积累财富的关键时期，如果树立起正确的金钱观念，就可以更好更稳地赚钱。

一、树立正确金钱观的步骤

那么，如何树立起正确的金钱观念呢？我认为，有以下几个主要步骤（见图4–2–1）。

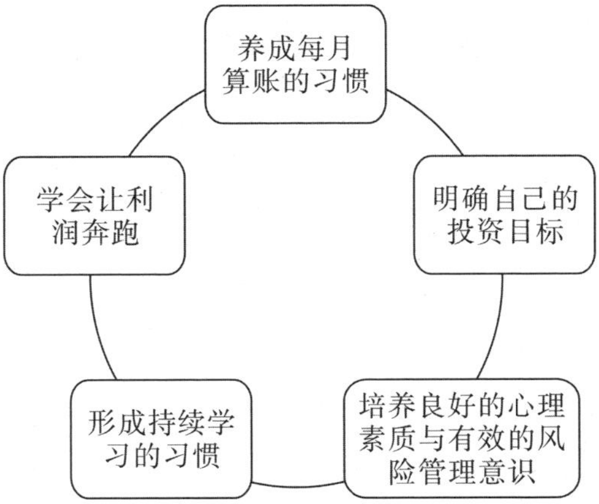

图4–2–1　树立正确金钱观的步骤

1. 养成每月算账的习惯

在实际操作中，我们需要列出每月的各项开支情况，了解每一笔钱花在哪里，哪些钱可以节省下来。如果没有养成算账的习惯，我们就无法知道自己每月的钱怎样花，接下来该如何节省。因此，算账的目的是高效省钱，在省钱的过程中不轻易降低自己的生活质量。

为何强调每月算账，而不是每天算账或者每年算账？

算账是一门技术活。如果每天算账，大大小小的开支项目会让你感到厌烦。也许，你可以坚持一周的时间，但随着时间的推移，你的耐心会逐渐下降，最后容易半途而废。

每月算账，在时间上要宽松一点，可以对一个月的账单进行分析。在一个月的账单中，你可以看出哪一天的开支特别多、哪一天的开支特别少。然后，你可以找到那一天的账单，并查看一下当天的开支明细，这样你就会清楚地了解这一天的开支为何突然增加了。

每月算账的主要目的是根据你的实际需求进行消费。在算账之前，不妨给自己订立一个当月消费的限额，如果某个月超标了，那么自己需要从账单中找出答案，及时发现问题，及时解决。

2. 明确自己的投资目标

很多人喜欢赚钱，热衷于投资理财，但对他们来说，并不明白自己投资理财到底是为了什么。也许，有的人是为了兴趣，有的人是为了实现财务自由，有的人是为了提升生活质量，还有的人只是为了保障资产的稳健增值。

不同的人参与投资理财的投资目标有所不同。对中年投资者来说，需要根据自己的风险承受能力和投资风格来设置对应的投资目标。

例如，如果你的投资目标是保障资产的稳健增值，那么你需要对自己的投资组合进行调整。在实际操作中，不太适合把钱过多地投资到某一投资品种之中，单一投资品种的投资比例尽可能不超过40%，以实现资产的分散配置，不过度依赖单一投资品种。

再比如，如果你是为了追求财务自由，而且当前的本金规模较小，距离自己的投资目标还有不小的距离，那么你不妨改变自己的风险偏好，大幅增加激进型投资品种的投资比例，这样可以让你的资产快速提升。否则，如果你只通过资产均衡配置的方式进行投资理财，那么你是很难在短时间内实现财务自由的。只有拥有较多的本金，或者缺乏持续有效收入来源的人，才适合使用资产均衡配置的策略。

如果你是风险承受能力较高、追求高收益的投资者，最适合的投资方式是激进型投资。但在实施激进型投资之前，你要懂得抓住趋势、抓住风口，而且具备一定的风险管理意识，否则可能会出现得不偿失的结果。

3. 培养良好的心理素质与有效的风险管理意识

要树立正确的金钱观念，除了要懂得资产配置方式和投资方法外，培养良好的心理素质与有效的风险管理意识是必不可少的。

不妨设想一下，如果投资者没有良好的心理素质，那么会发生什么。

举个例子，如果投资者没有良好的心理素质，那么在面对股市持续创出新高的走势时，他们会总想着早点获利了结，而不会继续持有，收获更丰厚的投资利润。从历年的大牛市来看，绝大多数的投资者都没有持股到巅峰时刻。他们往往会在股票启动之初卖出股票，或者在股票上涨中途的时候全部抛售，最终错过了获利最丰厚的行情。归根到底，还是投资心态的问题。如果投资心态不过关，也就很难赚到大钱。只有端正自己的投资心态，以平常心看待涨跌，才可以获得丰厚的投资利润。

那么，缺乏有效的风险管理意识，又会发生什么呢？

在投资理财过程中，风险无处不在。对我们来说，最需要做的是，把投资风险降到最低，在极端的市场环境中保住自己的本金，这样才可以抓住风险管理的精髓。

但是，我们并不能简单地去理解风险管理，还需要结合实际情况加以应用，这样才能更深层次地理解风险管理的影响和作用。

要想成为一名成熟的投资者，必须具备风险管理意识。具体来说：在遇到极端市场行情的时候，应该懂得如何规避风险，如何把投资损失降到最低；在投资品种接连“爆雷”的时候，还要懂得如何提升“防雷”能力，如何避开可能存在“爆雷”风险的投资品种。这是风险管理者需要做好的功课。

在行情大好的时候，风险往往容易被人忽视。最后，投资者可能因为自己的贪婪而承担巨大的风险，个人资产大幅度缩水。由此可见，培养良好的心理素质与有效的风险管理意识非常重要。

4. 形成持续学习的习惯

在读书的时候，我们需要寒窗苦读十多年，才能够有底气参加高考。因为，如果只是一两年的学习，几乎是无法通过高考的。高考考核的内容，除了高中三年的知识，还要初中三年的基础知识。如果读书的时候没有形成持续学习的能力，那么你的高考成绩不会很好。

应用到投资理财方面，也是同样的道理——我们需要养成持续学习的习惯。

在现实生活中，不要以为投资理财无须学习，不要以为投资赚来的钱是大风刮来的。其实，任何人都无法准确判断风险什么时候到来。我们只有保持持续学习的习惯，才能让自己时刻保持清醒的状态，以清醒的大脑来应对各种未知风险。

在投资理财的过程中，时刻保持头脑的清醒很重要。但是，真正可以保持头脑清醒的人却很少。究其原因，主要是人性很难把握。一旦遇到了赚钱的机会，人总会变得很贪婪，最终因贪婪而变得失去理性。不懂得如何保持头脑的清醒，最终的结果很可能是因“贪”变“贫”。

形成持续学习的习惯，主要目的是拥有时刻保持理性、保持头脑的清醒。只有自己长期保持持续学习的习惯，在学习提升自己的过程中，才能够学会独立思考、独立研究，时刻保持清醒的状态。持续学习的好处，在短时间内很难看出来，但把时间拉长，可以看出持续学习给我们带来的好处是巨大的。

5. 学会让利润奔跑

在投资理财的过程中，如何做好资产配置计划，如何实现资产的有效增值，这些都是大家很关心的问题。当你根据自己的风险偏好、风险承受能力制定出符合自己投资需求的资产配置计划之后，接下来你需要学会让利润奔跑，超额完成自己制定的投资理财的目标。

在股票和基金投资中，最难完成的事情是让利润奔跑。在牛市行情中，多数人在牛市初中期急忙把股票抛售，总想着获利了结，提前锁定投资的利润。但是，当他们把手中的股票和基金抛售后，行情才开始进入真正的主升浪，这意味着他们只赚了芝麻大小的利润，却丢掉了西瓜大小的利润。

学会让利润奔跑，并不是一件简单的事情。要想做好这件事情，需要你拥有完善成熟的资产配置计划和良好的投资心态。在实际操作中，不少人获利10%时就匆忙地套现出局，真正可以拿住筹码，享受30%以上投资收益率的人并不多。

在资本市场中，曾经出现过不少的大牛股。例如，贵州茅台、腾讯等。如果你在十年前，甚至是二十年前买入这些股票，并持有至今，那么你的投资回报将是惊人的，说不定已经轻松实现了财务自由。然而，真正致富的人却寥寥无几。很多人买过茅台、买过腾讯，但可以长期持有的人并不多。

因此，学会让利润奔跑，并与优秀公司一起成长，并不是想象中那么简单的事情。

二、让利润奔跑需要做好哪些准备

如何才能够让利润奔跑起来？总结起来，需要做好四项准备。

1. 搭建靠谱的投资组合

所谓靠谱的投资组合，需要符合以下几个特征。

第一个特征，该投资组合具有长期经营的能力。如果该投资组合具有长期经营的能力，那么相应的护城河会更加厚实。

第二个特征，该投资组合属于正规合法的投资品种，经得起市场的考验，不存在合法性和合规性的风险。

第三个特征，该投资组合具有持续稳健的回报能力。比如某上市公司股票，应该具备可持续的现金流，并且重视股东的权益，为股东带来持续稳健的回报预期。

2. 增配回报预期高、确定性强的资产

在搭建靠谱的投资组合的基础上，要想提升整个投资组合的投资回报预期，我们需要在该投资组合里提升优质资产的投资比例。

例如，增配回报预期高、确定性强的资产，同时该资产应该具备持续经营能力和稳健现金分红能力等条件。此外，投资者需要找到合适的估值水平进行布局，买入时的估值越便宜，未来潜在的投资回报率越高。

3. 懂得长期投资，让利润奔跑起来

符合永续经营、持续盈利和良好股东回报等特征的公司，即使遇到公司的经营低谷期，在经历阶段性的调整周期之后，也会逐渐回到健康发展的运行轨道之中。从长远的角度考虑，确定性高、经营能力强的公司，更容易对抗周期，股价长期呈现出稳健向上的运行趋势。

参考欧美市场的优秀上市公司，即使它们中途会出现调整的走势，但很快也会回到长期上行的趋势之中，股价会长期沿着上行通道运行。长期持有这类优质资产，将会为股东们带来可观的投资回报。例如，路易威登、宝洁、强生、麦当劳和Costco等。这些公司在全世界做生意，而且经营状况稳定，并重视股东回报。反映在公司股价上，基本上呈现出长期向上的运行趋势。

在A股市场中，同样存在上述公司，只是占比相对少一些。从投资的角度考虑，符合条件的优秀公司不多，这就要求投资者不断学习，提升筛选优秀公司的能力。针对这类优秀公司，投资者应该坚持长期持有的原则，耐心等待资产价格的上涨，为自己带来丰厚的投资回报。

4. 远离你不懂、不了解的投资方式

做好上述三项准备之后，你需要对自己的投资组合做减法。

如何做减法？最好的办法是抛弃那些你看不懂、不了解的投资品种，只

做自己长期跟踪和长期研究的投资品种。这样一来，你会大幅降低自己犯错的概率。

在投资理财的道路上，最忌讳的事情是买了自己不熟悉的投资品种，因此发生巨额的投资损失。对陌生的投资品种，你无法了解它的涨跌规律，也无法了解它的投资陷阱，一旦不幸“踩雷”，将会发生较大的投资损失，甚至无法拿回自己的投资本金。

这些年来，有不少人因投资了自己不熟悉、不了解的投资品种而承受较大的投资损失。然而，他们愿意把钱投资到这些投资品种的主要原因离不开一个“贪”字，只看到对方承诺比较高的投资收益率，却不考虑任何风险。最终的结果，却是因“贪”变“贫”。

只要做好上述四项准备，你的投资组合大概率会跑赢大多数人。中年人在搭建投资组合的时候，更应该注重一个“稳”字，不适宜盲目追求高收益。高收益与高风险并存，稍有不慎就容易发生投资损失，造成得不偿失的后果。

理财小贴士

树立正确的金钱观念是投资理财的重要前提。具体来说，需要养成每月算账的习惯，同时明确自己的投资目标，培养良好的心理素质与有效的风险管理意识。与此同时，还需要形成持续学习的习惯，并且学会让利润奔跑。另外，投资理财是有方法和步骤的。当你越来越熟练之后，就能够更深刻地感受到资产增值的乐趣。

怎样做到“钱生钱”

所谓“钱生钱”，即增加自己的被动收入。一般来说，“钱生钱”是指借助投资理财等实现财富增长，并不依靠劳动获得收入。因此，要想做到“钱生钱”，掌握有效的投资工具是关键。

目前，市面上的投资工具有很多，既有激进型的投资工具，也有稳健型的投资工具，还有保守型的投资工具。不同类型的投资工具，给我们带来的投资回报效果是不同的。

中年人在搭建属于自己的投资组合之前，首先需要剔除掉不符合自己投资需求的投资工具。

有效的投资工具应该是合法合规的。因此，投资者必须远离非正规的投资工具，或者没有官方背书的投资工具。此外，不符合你的投资风格，潜在风险远高于个人风险承受能力的投资工具也是不适合投资的。

有效的投资工具，一方面需要符合相关法规的要求，另一方面需要符合你的风险偏好和风险承受能力。只有同时符合这两个条件的投资工具，才是适合投资的。

一、如何筛选有效的投资工具

在目前的市场环境下，有效的投资工具有哪些呢？下面将根据不同的风险偏好和风险承受能力，列出相应的靠谱投资工具。

对保守型投资者来说，目前有效的投资工具包括银行活期和定期存款、大额存单、储蓄国债、货币基金、超长期特别国债及国债逆回购等。

对稳健型投资者来说，目前有效的投资工具包括FOF基金、REITs、银行理财产品、纯债基金、可转债基金、一级债基和二级债基等。

对激进型投资者来说，目前有效的投资工具包括股票、基金、黄金、期货、期权、信托和房地产等。

当你确认了自己的风险偏好和风险承受能力之后，就需要开始根据自己的风险偏好进行灵活的资产配置。

要实现“钱生钱”：一方面需要选择适合自己的投资品种，并尽可能追求更好的投资收益率；另一方面是争取获得更多的本金，因为在投资收益率保持不变的基础上，本金更高的投资者，可以获得更丰厚的投资收益。

从资产配置的角度思考，如果你拥有足够多的本金，且对投资收益率没有较高的回报预期，那么你可以通过配置一些稳健型和保守型的投资品种来实现资产保值。在实际操作中，投资这类投资品种的回报率不会很高。在资产配置合理的前提下，乐观的时候可以实现4%以上的投资收益率，消极的时候可以获得2%—3%的投资收益率。

通常来说，2%—4%的投资回报预期，只能跑赢同期的通胀率水平，要想通过这个投资回报率来实现财务自由的可能性很低。

如果你拥有比较高的风险承受能力，而且想要更快地赚钱，尽快完成个人资产积累的目标，那么你可以按照激进型投资者的标准制定相应的资产配置方案。

例如，你可以把大部分资产投资于股票、基金和期货等投资品种。这些投资品种普遍具有高风险和高收益的特征。如果你想要获得高收益，那么你需要承受较高的投资风险。

不过，从历史经验分析，盲目参与激进型投资项目，未必可以实现资产的快速增值，很多时候还会吃大亏，本金发生较大的亏损。

从靠谱的投资角度出发：一方面可以考虑将指数基金作为投资对象，避开个股可能出现“黑天鹅”的投资风险，只需要看市场指数的涨跌，从长期的角度来看，赚钱的概率比较高；另一方面，可以考虑投资行业龙头公司，或者A股总市值排名前30名的头部上市公司。

在实际操作中，你可以把两三家头部公司的股票列入自己的自选股里，然后再长期研究跟踪它们的价格走势，并且选择在合理的估值水平进行中长期投资，通过资产价格增值以及现金分红获取投资收益。通过长期投资获得预期的投资回报率，是一种比较靠谱的投资方式。

二、如何实现“钱生钱”

人到中年，随着财富不断增加，将会产生出强烈的投资理财需求。拥有一定财富的中年人该如何实现“钱生钱”？

“钱生钱”的前提是拥有一定的本金。在此基础上，再通过有效的资产配置，从而达到“钱生钱”的目标。在实际操作中，要想达到“钱生钱”的目的，需要满足几个条件（见图4-3-1）。

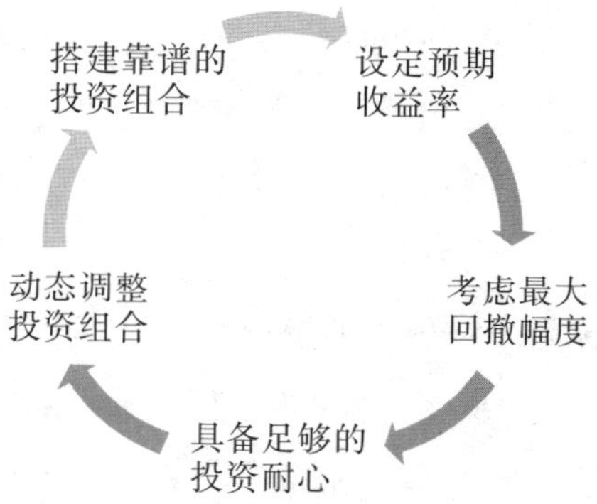

图4-3-1 实现“钱生钱”的必备条件

1．搭建靠谱的投资组合

搭建靠谱的投资组合是投资者实现“钱生钱”的重要前提条件。假如没有构建起这个基础条件，那么之后的努力就是白费的。

靠谱的投资组合需要根据个人风险偏好和风险承受能力进行搭建。如果你是保守型投资者，却搭建出激进型的投资组合，那么你可能不仅没有收获预期的投资回报率，而且还会承受本金亏损的风险。如果你是激进型投资者，却搭建出保守型的投资组合，那么你的资产增值效果将会大大降低，无法达到自己的投资目标。

因此，搭建靠谱的投资组合，需要提前做好功课。只有搭建符合自己投资需求的投资组合，才能有效地实现资产的保值增值。

只有靠谱的投资组合还远远不够。在实际操作中，该投资组合还需要经得起时间的考验。因为，市场总是在变化，你无法精准预判接下来市场会发生什么。有的投资组合只适合一年，有的投资组合适合三四年，有的投资组合适合十年以上。只有经得起时间的考验，才是真正意义上的靠谱的投资组合。

2. 设定预期收益率

提前设定预期收益率很重要。因为这不仅可以让你大致了解自己的投资回报预期，还可以进一步了解自己的风险偏好和风险承受能力。

对中年人来说，设定预期收益率是对自己投资回报预期的初步判断。然后，他们可以根据自己的投资回报预期搭建符合自己投资需求的投资组合。

那么，我们应该如何设定自己的预期收益率呢?

最好的办法是以你的最大亏损承受程度作为参考，预期收益率是该数据的相反数。

举个例子，如果你是一位稳健型投资者，当本金亏损10%的时候，你将感受到明显的焦虑。这个时候，10%是你的最大亏损承受程度。反过来，10%的正收益率将会是你的预期收益率。

如果你是保守型投资者，对风险极度厌恶，当你的本金开始发生亏损的时候，你会感受到明显的焦虑。在这个时候，当你的收益率变为负数，哪怕只有0.01%，都会成为你的最大亏损承受程度。此时，你的预期收益率应该是较一年期定期存款利率高出1%—2%的水平。假设一年期定期存款利率为1.5%，那么你的预期收益率应该设置在2.5%—3.5%之间，这基本上可以满足资产保值的需求。

3. 考虑最大回撤幅度

任何投资组合都可能会发生回撤的风险。从投资者的角度考虑，需要观察自己的投资组合是否超出自己的风险承受范围。

举个例子，如果你属于保守型投资者，而且比较厌恶风险，那么你需要配置不会造成你资产损失的投资品种，而不是配置那些可能产生亏损的投资品种。不过，低风险背后意味着低收益，高风险背后意味着高收益。你必须清楚，在你愿意承受低风险的同时，所配置的投资组合只会带来低收益的回报。

因此，在搭建投资组合之前，投资者需要充分了解个人风险偏好与风险承受能力，提前了解自己能承受的最大风险回撤幅度。

如何判断出自己的最大风险承受范围？最简单的办法是，当你的资产损失到什么程度的时候，你会产生出明显的焦虑，那么这时候就是你的最大风险承受范围。

举个例子，你是一位保守型投资者，当你的投资组合开始发生亏损的时候，你开始感受到明显的焦虑，那么这就是你的最大风险承受范围。

如果你是保守型投资者，但你的投资组合亏损了10%却没有产生出明显的焦虑，那么可能有以下两种原因：

第一种原因，你并不是保守型投资者，而是偏向于稳健型投资者；第二种原因，你投入的本金很少，或不到总资产的5%，即使该投资组合出现了明显亏损，也并未对你的总资产造成较大的影响。

4. 具备足够的投资耐心

当你完成了前述三个步骤之后，接下来就需要有足够的耐心。对一个有效的投资组合来说，从长期的角度分析，会呈现出稳健增值的趋势。如果你对自己的投资组合有足够的耐心，那么你可以长期持有，慢慢享受资产增值的过程。

需要提醒的是，并不是所有的资产都适合长期持有。在实际操作中，真正值得长期持有的资产并不多。

以A股市场为例，近十年时间，真正值得长期投资的股票不足10%。在注册制市场扩容的背景下，上市公司的股价表现会更加分化，不是真材实料的核心资产会被市场资金抛售。

多年来，又有多少上市公司像贵州茅台和格力电器那样长期上涨呢？

因此，在具体筛选的过程中，投资者需要观察资产的投资持续性和资产的长期回报能力以及资产的护城河等。在资产筛选的环节中，投资者还需要多下功夫。

5. 动态调整投资组合

当你搭建好自己的投资组合之后，并不是说你的投资组合会一成不变。在实际操作中，当你的买入条件发生了变化，或者你所投资的投资品种的交易规则和投资风险发生变化的时候，你需要及时调整和优化你的投资组合。

简而言之，你按照什么条件买入，需要记住这个买入条件，买入条件开始发生变化并导致亏损时，你需要及时止损，并重新制定自己的投资策略。

举个例子，如果在股票投资中，你看好了某只股票，之前的买入条件是KDJ、MACD形成了金叉共振，且股票估值比较便宜，那么当该股出现KDJ、MACD死叉的时候，可能就是你卖出的时间点。此外，如果该股票的估值已经很高，不再是你的安全买入估值，那么这个时候也需要择机卖出。

实现“钱生钱”是一个长期的投资过程。当你进入投资市场，并搭建好投资组合之后，不要幻想着该投资组合可以帮助你实现一夜暴富。“钱生钱”不仅需要持之以恒的毅力，还需要完善的资产配置计划、有效的风险防御策略，缺一不可。

这个世界最难的是坚持二字。做一件事，坚持一个月、两个月很容易，但坚持一年乃至五年以上却不容易。如果你可以坚持五年甚至十年以上的时间，那么你就有可能感受到“钱生钱”带来的资产增值魅力。与此同时，如果你还能构建起可靠的投资组合，那么你距离财务自由的时间也就越来越近了。

与年轻人相比，中年人的忍耐力更强。当你搭建起有效的投资组合后，只需要保持足够的耐心，就有可能见证资产不断增值的奇迹。

理财小贴士

实现“钱生钱”的目标，并非一朝一夕可以实现，而是需要一个漫长的过程。“钱生钱”不仅需要拥有持之以恒的毅力，还需要制定完善的资产配置计划和有效的风险防御策略，只有这样才能够构建属于自己的“钱生钱”投资策略。对于中年人来说，一旦掌握了“钱生钱”的方法，将会比别人多一个资产增值的工具，实现财富的长期有效增值。

成为“金钱的主人”

绝大多数人一辈子都为金钱打工。当他们走出社会，开始谈婚论嫁、生儿育女的时候，他们身上的担子也重了好几倍。维持他们家庭正常运转的关键因素是金钱。对绝大多数人来说，受现实压力的影响，一辈子只能被迫沦为金钱的“奴隶”。真正成为“金钱的主人”的人是极少数。

很多人步入中年之后，对金钱的渴望程度越来越强烈。随着年龄增长，改变命运的难度会变大，距离成为“金钱的主人”的梦想也会越来越遥远。所以，对大多数人来说，趁年轻早努力、早积累，就有可能实现成为“金钱的主人”的愿望。

一、成为“金钱的主人”需要具备哪些特征

几乎每个人都想要成为“金钱的主人”。但是，成为“金钱的主人”并不是一件轻松的事情。在现实生活中，只有极少数人可以成为“金钱的主人”，多数人只能成为金钱的“奴隶”。为何人与人之间会产生这么大的差距？成为“金钱的主人”需要具备哪些特征？

第一个特征：拥有足够多的钱。

也就是说，无须为柴米油盐等基本生活费发愁，可以尽情享受财务自由带来的快乐与幸福。

要想拥有足够多的钱，需要长期积累。对大多数普通人来说，他们的第一桶金主要依赖于工作收入。

有的人需要工作五年，有的人需要工作十年，甚至还有的人需要工作三十年以上，付出巨大的时间成本，才能够赚到人生中的第一桶金。不过，

在现实生活中，有的人只用了两三年的时间就完成了第一桶金的积累。人与人之间的差别还是比较大的。

有的人赚钱速度快，财富积累快。对这些人来说，他们的收入多，主要得益于他们在找工作之前，已经积累了大量的资本。例如，有的人是名牌大学毕业，出来找工作会具有很好的竞争力。又例如，在社交媒体上拥有大量粉丝，这也是个人竞争力的体现。这些条件都可以让自己迅速赚钱，在最短的时间内快速积累自己的本金。

当你的本金积累到一定数量的时候，你距离成为“金钱的主人”的目标又近了一大步了。

第二个特征：你需要具备“钱生钱”的能力，特别是获得被动收入的能力。

获得被动收入，不是依靠劳动力赚钱。主动收入与被动收入的区别在于你所付出的努力与精力。如果你的钱是通过辛苦劳动赚回来的，那么这些钱属于主动收入；如果你的钱无须花费太多的时间与精力，那么你的钱属于被动收入。因此，你需要用更多的时间与精力去研究如何获得被动收入，并搭建有效的投资组合、制定资产增值的计划，让钱为你创造更多的财富，做到真正意义上的“钱生钱”。

第三个特征：理财有道，花钱有度。

即使你已经实现财务自由了，也不能任性花钱。理财有道、花钱有度是保持财富稳定性的关键。

在现实生活中，有的人有了钱，马上开始任性消费、任性投资，早已忘记了赚钱的艰辛。其实，这是投资理财的大忌。当你花钱无度、毫无节制的时候，往往意味着你将会很快花光自己辛苦积累的财富，最后回到原点。

第四个特征：不要任性投资和任性创业。

当你实现了财务自由，只要你的消费不夸张，你这一辈子的生活就会很滋润。但是，如果你任性投资和任性创业，很可能会导致你的财富迅速缩水。所以，对已经实现财务自由的人来说，避免任性投资、任性创业很重要。

在现实生活中，我们会发现一个现象——不少富人会严格限制自己的子女做投资、去创业。对富人来说，即使子女每天的消费金额很高，也不至于把财富花光，因为会有家族信托基金为他们进行资产管理。但是，如果子女选择了任性投资、任性创业，那么整个家庭的未知风险将会突然增多，家族的财富命运也会发生变化。

说到投资和创业，并非每个人都可以成功。尤其是中年人，投资和创业的风险相当高。因为，在这个年龄段里，试错成本非常高，稍有不慎，可能会让自己辛苦多年积累的财富快速蒸发掉，而重新积累的时间成本非常高昂。如果你不具备敏锐的投资嗅觉和果敢的创业魅力，那么你在投资与创业的道路上，就要尽量谨慎一点。

二、成为“金钱的主人”必须牢记三点

成为“金钱的主人”是很多人梦寐以求的目标，但真正实现这个目标的人却少之又少。当你掌握了有效的方法，即使你生活在普通家庭，也有机会成为“金钱的主人”。有时候，方法比努力更重要。

对普通人，尤其是中年人来说，要想成为“金钱的主人”，必须牢牢记住以下三点：

第一点，培养良好的生活习惯和理财习惯。

第二点，学会存钱，积少成多。

第三点，运用好极致的重复。

可不要小瞧了良好的生活习惯和理财习惯，这些习惯可能会改变我们的人生命运。举个例子，如果你平时喜欢任性花钱，就算月入2万元，也有可能成为“月光族”。但是，如果你学会有效节省，每个月减少500元的不必要开支，那么你只要坚持1年时间，就会节省6000元的资金，坚持10年时

间，就会节省6万元。

积少成多是长期坚持的结果。如果你从现在开始存钱，每个月存下1000元，1年下来你就有1.2万元的存款，10年拥有12万元的存款。无论是省钱、存钱，还是赚钱，积少成多的好处都是显而易见的。

我有一位朋友，他只是一个出生在普通家庭的年轻人。但是，他有一个做事认真且长期坚持的习惯，对于喜欢的事情，他可以坚持20年。这个习惯让他受益匪浅。

从20岁开始，他把自己的兼职收入和零花钱强制存起来，每个月存1000元。大学毕业之后，他强制自己每个月存5000元，而当他的薪酬越高，他强制自己存下来的钱越多。到了35岁，通过强制储蓄的方式，他为自己存下了100万元的存款，让很多人羡慕不已。因此，我们不要小看每月几百元、几千元的存款，只要坚持的时间足够长，那么这将会是一笔非常可观的存款。

而说到运用好极致的重复，如果你可以做到这一点，那么你将会成为一个了不起的人物。

所谓极致的重复，并不是机械式重复，而是在重复学习的过程中不断总结经验，并且在每一次重复学习的过程中，悟出新的内容。通过极致的重复，可以达到深度学习的目的。每一次重复都可以从中学到新的知识，直到你无法从中找到新的内容为止。

极致的重复，可以运用到很多领域。例如：在学习的过程中，极致的重复，可以让我们从一般的学生变成学霸；在投资理财中，极致的重复，可以让我们收获更多意想不到的收益。

具体来说，虽然在学习读书的过程中，一个班上的人学习的课本都是一样的，但如果你把学习的课本读懂读透，那么你就可以成为学霸。

对普通学生来说，他可能把书看一遍，然后做一下笔记，就完成了自己的读书任务。但对学霸来说，他会把一本书读几遍。

读第一遍的时候，他会粗略看一下书中的内容，对这本书有一个初步的认识。读第二遍的时候，他会用笔画出自己认为重要的观点，然后再读一遍这本书。读第三遍的时候，他会用更容易辨别的笔，画出比之前的内容更重要的知识点，然后再深度阅读一遍这本书。读第四遍的时候，他会把重点内容深入阅读，并做好笔记，对这本书的内容有一个深刻的认识。读第五遍的时候，他会主动提出问题，并且从书中找到答案，学会举一反三，学到更多额外的知识。

由此可见，不同的人学习的方法不同，产生的学习结果也不同。学霸之所以成为学霸，是因为他们懂得极致的重复。他们可以把1本书读成10本书，把1个知识点读成10个知识点。这样一来，无论题目如何变化，也难不倒学霸们。

在投资理财的过程中，极致的重复将会助你在投资的道路上收获成功，至少比普通投资者更容易享受到财富的魅力。

在实战中，在投资一只股票之前，投资者需要做足功课。但不同的人，做的准备工作是不一样的。

普通投资者可能会看一下该上市公司的3张报表，分别是资产负债表、利润表以及现金流量表。他们很可能只是简单阅读，并不会在上面花费太多的时间与精力。此外，普通投资者还可能会看看该上市公司的估值，再决定自己是否进行投资。

对专业投资者来说，他们会充分利用极致的重复。同样是分析上市公司，专业投资者会把该上市公司的3张报表读懂读透，起码了解该公司的业务是什么，该公司的财报是否存在造假风险，该公司的财务在行业中的排名情况等内容。

与此同时，专业投资者会把该上市公司的股票与同行业的其他上市公司进行对比，从中了解该上市公司的股票是否被低估，以及是否具备投资的价值。

专业投资者往往会在多领域、多方面把该上市公司与其他上市公司进行对比。例如，把不同上市公司的估值进行对比，把不同上市公司的经营现金流进行对比，把不同上市公司的负债率进行对比，把不同上市公司的市净率和市销率进行对比等。

此外，专业投资者还会将该上市公司过去的数据进行对比。例如，在过去5年里，该上市公司的营收、净利润是否出现持续增长的表现，该上市公司的重要财报数据是否出现同比增长的情况等。

为何掌握极致的重复的人更容易成功？因为他们都是典型的细节控。他们的眼睛如同一个放大镜，把每一处细节、每一项数据用放大镜去研究，发现了不一样的东西。正因为他们注重细节、肯钻研、愿意花更多的时间，所以他们的成功概率会远高于普通人。

由此可见，要想成为“金钱的主人”，需要比普通人付出更大的努力、更多的时间，而且需要更加用心、更加注重细节。然而，真正可以做到这几点的人，终究是极少数的。大多数人因为无法做到这些，所以只能是普通人。

当然，对于中年人来说，如果能够从普通投资者变成专业投资者，让钱主动为自己赚钱，就能享受到财富增长的乐趣。

理财小贴士

很多人都梦想成为“金钱的主人”，让钱主动为自己赚钱，而不是做金钱的“奴隶”。但想成为“金钱的主人”并不容易，需要比普通人付出更大的努力，同时需要比普通人更注重细节，凡事比普通人做得更细致、更完美。对于中年人来说，如果能够从普通投资者变成专业投资者，让钱主动为自己赚钱，就能享受到财富持续增长的乐趣。

第五章

必须熟悉的主流投资品种

不同的年龄段，自身需求和抗风险能力大不相同，对投资品种的选择自然有所不同。对中年人来说，应该选择与自身风险偏好和投资风格相匹配的投资品种。在投资理财的过程中，只有掌握必备的投资理财技巧，熟悉符合自己风险偏好的投资品种，做好完善的风险管理，才能获得资产保值增值的预期效果，为晚年生活打下坚实的物质基础。

掌握储蓄技巧

对大多数成年人来说，都接触过储蓄。其实，如何储蓄是一门学问。如果你可以搞清楚储蓄的技巧、掌握储蓄的方法，就可以利用储蓄实现资产的有效保值增值。

在存款利率持续下降的大背景下，储蓄实现资产保值增值的效果正在降低。所以，对那些更看重安全的投资者来说，掌握一些储蓄技巧，用好储蓄规则，是很有必要的。

中年人要想掌握储蓄技巧，不妨从以下几步着手。

第一步：选择合适的存钱方法，做好本金的积累。

一般来说，存钱的方法有很多种。例如，12存单法、强制储蓄法和阶梯存钱法等。你的本金越多，意味着你可以存下来的钱越多，之后为你带来的利息收入越高。因此，从投资者的角度考虑，尽可能多存钱是实现财富增长最直接有效的方法。

以强制储蓄法为例，当你想要存下一笔钱，但自己的执行力不够时，你需要采取强制储蓄的方法为自己存钱。

例如，你可以把每月工资在扣除基本生活开支后，按照一定比例进行强制储蓄。如果你把这个比例设置为20%，那么你需要严格按照这个标准进行储蓄，并一直坚持下去。10年以后，你会惊喜地发现自己的存款明显增加。存款的时间越长，强制储蓄的效果会越好。

以12存单法为例，你需要每月将一笔钱以定期一年的方式存入银行，并坚持12个月。到了第二年的第一个月，你每月将会有一笔定期存款到期，然后每月可以收获一笔利息。到了存款到期的时候，你可以选择本金续存，也可以把本息续存，并一直循环下去。这种操作将会极大地提高你的资金利用率，也将避免提前支取损失利息的风险。

从投资者的角度考虑，选择适合自己的存钱方式，先努力把自己的存款积累起来，一边赚钱一边存钱，坚持10年以上，将会获得一笔可观的存款。

第二步：在存款保险制度的规则下，选择不同的银行提升存款收益率。

一般来说，国有大行的存款收益率低于全国性股份银行的存款收益率，而全国性股份银行的存款收益率低于城商行和农商行的存款收益率。说白了，为了吸储，在自身影响力不够的情况下，小银行和民营银行会通过较高的存款利率来吸引储户。

另外值得注意的是，2015年5月1日我国正式施行《存款保险条例》。《存款保险条例》规定，存款保险实行限额偿付，最高偿付限额为50万元。制定存款保险制度的初衷是防止银行发生经营危机，如兑付危机和破产危机等。存款保险制度可以在银行发生危机的时候，为存款人提供最高50万元的赔付额。

值得一提的是，并不是所有人、所有投资产品都可以获得赔付。根据存款保险制度的赔付规则，主要赔付的是存款产品。例如，大额存单、银行活期和定期存款等。但是，银行理财产品和银行代销的基金产品等并不属于赔付的对象。所以，对储户来说，需要充分了解存款保险制度的规则，再去做相应的投资。

了解完存款保险制度之后，投资者可以根据个人的资金需求，合理调节银行存款的比例。

如果你属于保守型投资者，而且是风险厌恶者，那么你比较适合在不同的银行进行储蓄投资。从追求较高存款收益率的角度分析，你可以在存款保险制度的保护下，把低于50万元的资金存入城商行、农商行或者民营银行，争取同期更高的存款收益率。

从不同类型的银行来看，它们的存款利率与它们获取存款的能力有着一定的关联性。例如，国有大行信誉好、知名度高，揽存能力高于全国性股份银行，而全国性股份银行的揽存能力又高于城商行与农商行。对民营银行来说，揽存压力普遍比较大，只能通过较高的存款利率来吸引储户。存款利率的高低对储户的吸引力显然有所不同。

如果你的资金量高于20万元，那么你可以把资金投资到大额存单上。相比起银行定期存款，大额存单的收益率会略占优势。但大额存单要求的资金门槛是比较高的。

值得一提的是，大额存单可以支持转让和质押。如果你着急用钱，那么你可以把大额存单进行转让、质押，从而满足个人着急用钱的需求，提升资金的利用率。

假如你的资金量很大，如500万元以上。同时，你也是一位风险厌恶者。在这个时候，如果你把资金全部存入某一家银行，这个金额已经超过了存款保险制度的偿付金额。一旦该银行发生兑付危机，那么你的资金将会存在一定的风险。从个人的风险偏好考虑，你有以下几个选择：

第一个选择，把资金分别存入不同的银行，每家银行存放的资金不高于50万元，并且投资该银行的定期存款和大额存单等存款类产品，以达到分散风险的目的。

第二个选择，将资金用于投资储蓄国债和超长期特别国债。投资这类型的投资品种：一方面可以起到分散风险的效果；另一方面可以借助其他投资渠道，在保障资金安全的前提下，尽可能提升资金的收益率水平。与银行定期存款和大额存单相比，储蓄国债和超长期特别国债的安全性是非常高的。

第三个选择，把资金投入货币基金和国债逆回购等投资品种。这类投资品种的安全性比较高，有时候会出现较高的投资收益率，特别是在季度末、年末、节假日等时间点，会给投资者带来一些惊喜。

当然，你也可以将以上几个方法结合起来使用，这样可以有效提升你的资金利用率。

第三步：巧妙利用定期存款与大额存单，既保障资金收益率，也提升资金利用率。

一般来说，银行定期存款分为3个月、6个月、1年、2年、3年和5年六个档次。同时，包括整存整取、零存整取、整存零取、存本取息和定活两便等，对应的存款利率有所不同。

随着持有时间的增加，储户获得的存款利率越高，持有时间与存款利率呈现正比的关系。例如，在整存整取中，持有3年定期存款的储户的定期存款利率会高于持有1年定期存款的储户。

以国有大行之一的中国银行为例，受到存款利率持续下降的影响，相应的存款利率也随之降低（见表5-1-1）。

表5-1-1　中国银行人民币存款利率（2024年10月18日公示）

项目	年利率 / %
一、城乡居民及单位存款	
（一）活期存款	0.10
（二）定期存款	
1．整存整取	
3个月	0.80
6个月	1.00
1年	1.10
2年	1.20
3年	1.50
5年	1.55
2．零存整取、整存零取、存本取息	
1年	0.80
3年	1.00
5年	1.00

（续表）

项目	年利率 / %
3．定活两便	按一年以内定期整存整取同档次利率打六折
二、协定存款	0.20
三、通知存款	
1天	0.10
7天	0.45

从储户的角度考虑，选择活期存款、定期存款还是大额存单，取决于个人的资金需求。

如果你的闲置资金着急使用，在一个月内会有大额的开支需求，那么你这个时候适合把钱存为活期存款或购买货币基金，也可以直接持有现金。如果你的闲置资金在一年内没有使用的需求，那么你可以根据自己的资金规模，投资银行定期存款或投资大额存单。

一般来说：个人定期存款的最低起存金额为50元，企业定期存款的起存金额为1万元；个人投资者认购大额存单的起点金额不低于20万元，机构投资者认购大额存单的起点金额不低于1000万元。

在实际操作中，大额存单的利率会高于同期银行定期存款利率。

以国有大行建行为例，截至2024年8月，建行的3个月期、6个月期、1年期、2年期和3年期的存款年利率分别为1.05%、1.25%、1.35%、1.45%和1.75%。部分中小银行的存款年利率会更高一些，但与前几年的存款利率相比，均出现了一定幅度的下滑。

假如你拥有20万元以上的闲置资金，而且属于风险厌恶型的投资者，那么你可以优先选择大额存单参与投资，这样能获得较高的投资收益率。

虽然银行定期存款利率与大额存单利率之间的差距不算大，但随着资金量的增加，两者之间的利息收入差距会越来越大。

不要低估0.2%的利率差距，如果你拥有100万元以上的资金量，那么你将会深刻感受到不同投资品种不同利率的利息差距。下面，我们举个例子方便大家理解。

朱先生是一位高净值人士，拥有500万元的闲置资金。他希望通过投资稳健的投资品种实现资产的保值增值。然而，朱先生是一位保守型投资者，也是一位风险厌恶者。他不希望自己的本金发生损失。

对朱先生来说，适合投资的投资品种比较有限，包括大额存单、银行定期存款、储蓄国债、超长期特别国债和货币基金等。这些都是保守型的投资品种，更适合保守型投资者参与。保本理财是风险厌恶型投资者的首要选择。

朱先生计划把一半资金投资银行定期存款，另一半资金投资大额存单。其中，定期存款方面，朱先生把资金投资到建行，打算投资3年时间，按照建行3年期整存整取的利率计算，2024年8月3年期的定存利率为1.75%，按照单利计算，250万元存3年定存的年利息为131250元。

另外一半资金用于投资建行的3年期大额存单。2024年8月建行3年期的大额存单利率显示，存款利率为2.15%。按照单利计算，意味着朱先生250万元存3年大额存单所获得的存款利息为161250元，较同期银行定期存款高出了3万元的利息收入。

由此可见，如果投资者符合大额存单的资金门槛要求，那么在同一时间里，把资金存入大额存单，相比储蓄，可以获得更高的利息。通常来说，善用各种储蓄工具、掌握更多的储蓄技巧，将会帮助你获得更多的利息收入。

一般来说，储蓄产品更适合中年人参与。究其原因：一方面是大多数中年人的风险承受能力比较弱；另一方面是中年人更适合保本投资，大多数储蓄产品基本上属于保本理财，可保障本金安全。因此，掌握储蓄技巧、熟悉储蓄规则，对中年人的投资理财会带来比较大的帮助。

理财小贴士

不要低估了储蓄存款，一旦你掌握了有效的储蓄技巧，将会为你的财富保驾护航。熟悉储蓄规则、掌握储蓄技巧，需要对不同银行、不同储蓄产品有深入的认识。通过对比分析，完全可以找到具有高性价比的储蓄产品。虽然储蓄产品具有低收益特征，但是灵活利用储蓄规律、储蓄技巧，可以做到高性价比的储蓄投资，实现资产的保值增值。

熟悉国债投资

说到国债，大多数中年人应该不会陌生。相比起银行定期存款和大额存单等投资品种，国债的安全性更高。因为，国债是国家以其信用为基础，通过向社会筹集资金所形成的债权债务关系。所以，国债投资更适合稳健型、保守型的投资者，特别适合中年人参与。

一、了解国债的分类

按照发售对象划分，国债可以分为储蓄国债和记账式国债。其中，储蓄国债主要针对个人投资者，记账式国债主要针对机构投资者。因此，对普通投资者来说，他们接触最多的是储蓄国债。

目前，储蓄国债主要发行3年期和5年期两个品种。其中，期限越长的储蓄国债，投资收益率越高。

2024年9月发行的储蓄国债显示，3年期的票面利率为2.18%，5年期的票面利率为2.30%。虽然这个票面利率较前几年低，但仍然较同期定期存款、大额存单的存款利率高。因此，储蓄国债对不少投资者来说，仍然具有一定的投资吸引力。

自2024年以来，超长期特别国债的关注度很高。从2024年5月开始，先后发行了20年期、30年期和50年期的超长期特别国债，并吸引了不少投资者参与。

不过，超长期特别国债属于记账式国债，与储蓄国债存在一定的区别。

例如：储蓄国债主要针对个人投资者；记账式国债主要针对机构投资者，但个人投资者也包括其中。一般来说，记账式国债面向全社会发行，所以其覆盖范围更广，能满足不同投资者的投资需求。

从流通性的角度考虑，与储蓄国债不可流通转让的特征相比，记账式国债的流通性更强，可以满足投资者在二级市场流通转让的需求。对储蓄国债来说，在发行期内，不可以提前兑取。如果投资者持有储蓄国债不满半年时间，提前兑取将不计付利息。因此，从流通性的角度分析，储蓄国债的流通性比不上记账式国债。

虽然超长期特别国债的存续时间长达20年、30年以及50年，但考虑到它属于记账式国债，投资者无须持有到期才能兑取，可以在二级市场进行交易。这极大地提升了超长期特别国债的投资吸引力。

从付息的方式来看，储蓄国债一般是按年付息，记账式国债的付息时间需要看具体的期限。

一般来说：1年期至10年期的记账式国债，按年付息一次；10年期及以上的记账式国债，每半年付息一次。到了最后兑取的时间点，一般的操作是偿还本金并支付最后一次的利息。

以超长期特别国债为例，一般发行期限为10年以上，分别是20年、30年和50年。从超长期特别国债的付息方式来看，每半年付息一次可以满足投资者在二级市场交易的需求，提升了交易流动性。

超长期特别国债包含三层含义：“超长期”指的是期限；“特别”是指资金用途，它是为特定目标发行，具有明确用途的国债；“国债”二字，意味着它是国家为了筹集财政资金而发行的一种政府债券，具有很高的安全性和很高的信用度。所以投资超长期特别国债的安全性比较高。

二、超长期特别国债应该怎样投资

2024年5月22日，首单30年期的超长期特别国债正式上市交易。从上市首日的表现来看，“24特国01”出现了两次临时停牌的现象及单日25%的涨幅，可见其市场反应程度相当火爆。

这一次的大幅上涨走势给市场敲响了警钟。虽然超长期特别国债的安全性高，但记账式国债在二级市场上有时候也会出现高波动率的现象。如果投资者不关注二级市场的价格波动走势，却更愿意长期投资，那么按照每半年付息的规则，也可长期分享超长期特别国债的投资成果。

不过，值得注意的是，2024年发行的超长期特别国债品种显示，20年期、30年期和50年期的票面利率分别是2.49%、2.57%和2.53%。其中，50年期的票面利率较30年期的票面利率出现了“倒挂”现象。

无论是储蓄国债还是超长期特别国债，都具有“国债”二字。所以它们都具有国家背书、信用度高，比较适合保守型投资者参与。

投资超长期特别国债需要注意以下几个问题：

第一，不要低估了超长期特别国债在二级市场的价格波动风险。如果只是短线交易，那么你需要考虑价格波动风险以及赎回成本的费用。

超长期特别国债重在长期投资，属于超长期投资的品种。如果你用短线的思维去做投资，那么发生亏损的风险是存在的。因此，当你选择超长期特别国债作为你的资产配置品种，那么你需要用长远的眼光进行投资，不要太在意超长期特别国债的价格波动。按照每半年付息的频率，若你投资的金额比较多，那么一年下来你的利息收入是比较可观的。

第二，超长期特别国债并不会让你实现财富迅速增长，但你可以通过它实现资产的稳健增值。

在存款利率持续走低的背景下，可以抵御通胀、实现资产保值增值的投资品种并不多。在市面上，投资回报率超过2%的投资品种已经比较少了，超长期特别国债是目前为数不多的投资收益率超过2%的投资品种。2024年发行的超长期特别国债显示，20年期、30年期、50年期的票面利率分别为2.49%、2.57%和2.53%。在当前的市场环境里，超长期特别国债属于比较稳健靠谱的投资品种。

可不要低估2.5%左右的投资收益率，在低利率的市场环境下，每增加0.5%的投资收益率，都会为你带来更丰厚的利息收入。

如果你更喜欢股票和基金的高回报率，那么你需要承受相应的高风险。

超长期特别国债具有稳健的理财特征，虽然不能给投资者带来很高的投资收益率，但比市面上同期多数的保本理财投资品种的收益率高，基本上能满足投资者的资产保值增值需求。

第三，考虑到超长期特别国债的投资期限，你最好用闲置资金参与投资，不建议用非闲置资金参与投资。

虽然超长期特别国债属于记账式国债，可以在二级市场交易，但超长期特别国债更适合长期闲置资金参与，非闲置资金参与的价值不高。

在实际操作中，如果你使用的是非闲置资金，而且在短时间内需要动用这笔资金，那么你投资超长期特别国债，一方面需要考虑二级市场的价格波动风险，另一方面需要考虑短时间赎回的交易费用。如果你的持有时间不超过一年，那么你投资超长期特别国债的性价比就较低。

第四，不建议把所有资产单一投资到超长期特别国债之中。

虽然超长期特别国债属于保守型的投资品种，但考虑到提前赎回的费用成本，一旦你有大额资金的应急需求，一下子赎回超长期特别国债将会支付一笔交易费用。如果你只是短期投资，那么超长期特别国债的投资性价比还不如货币基金、国债逆回购。

对中年人来说，可能随时需要现金应急，不建议把所有资产单一投资到超长期特别国债之中，最好是分散配置。

投资国债也有很多学问。在投资之前，你必须熟悉交易规则、了解申赎费用，这样才可以降低投资犯错的概率。在自己还没有完全熟悉某一个投资品种之前，不宜把所有资金进行单一投资。否则一旦有资金应急需求，你的资产配置行为将会显得非常被动。

理财小贴士

很多人对国债并不陌生。但是，投资国债却有不少的学问。相比起其他的投资理财方式，国债具有国家背书的特征。所以国债具有高安全的优点，非常适合保守型、风险厌恶型或对安全性要求较高的中年投资者参与。不过，值得注意的是，投资超长期特别国债，不要低估其在二级市场的价格波动风险。

股票投资的五大要点

2024年国庆前后，A股市场大盘指数连续暴涨，让一度无人问津的股市再度吸引全球目光，并吸引无数投资者跑步入场。股票交易的赚钱效应似乎不错，但其中的门道很多，值得我们学习的东西也比较多。

在股票市场中，我们经常会听到“七亏二平一赢”的说法。拉长时间周期来看，股票市场确实是少数人赚钱的投资场所。因为股票市场相当于财富再度分配的投资场所，在你赚钱的同时，意味着其他人在赔钱。

股票市场属于高收益与高风险并存的投资渠道，考虑到它的投资风险，可能更适合中青年人参与。当然，希望财富快速增值的中年人，也是可以参与的。但是在资产配置方面，股票的投资比例不宜太高，否则一旦遭遇大幅亏损，容易影响生活质量。

那么，参与股票投资，我们应该要注意些什么呢？以下五大要点，必须高度关注。

第一，不要太在意短期投资结果，只有长期保持盈利的状态，才是真正的赢家。

在股票市场中，我们经常会听到长线投资和价值投资的说法，这是股票市场中比较推荐的投资方式。与之相比，短期交易和价格投机行为的风险较大。究其原因，投资者在股票市场中太在意短期价格的波动，很容易吃大亏。多年来，已经有不少投机者在股票市场中吃过亏。实践证明，价格投机的风险远高于价值投资。

短期股价走势容易受资金环境和投资情绪等因素影响。例如：遇到牛市行情，股票价格容易受市场情绪面的推动，促使股票市场走出加速上涨的行情；遇到熊市行情，股票价格容易受负面情绪波动的影响，促使股票市场走出加速调整的行情。由此可见，虽然投资情绪更可能会影响短期股票价格的表现，但中长期股票价格走向则主要受政策面和基本面的影响。

短期的投资收益并不能够说明什么，只有把时间周期拉长，才能够看出谁是真正的赢家。

第二，不要对股票投入太多的感情，资本市场是无情的。

在资本市场中，千万不要对股票投入太多的感情，因为资本市场是无情的。资本也不会相信眼泪，只有自己获得的投资利润才是最真实的。

但是，也有一种例外。如果投资者对某家上市公司的股票研究很深入，至少研究跟踪5年，并且对该上市公司的股票价格运行轨迹以及财务报表等信息有深刻的了解，那么投资者可以根据自己的判断进行投资。

如果你对某家上市公司不是特别了解，只是为了情怀去投资，那么这种投资行为并不可取。因为在这笔投资中发生亏损的概率会比较高。

资本市场是不讲情怀、不讲感情的。因此，在实际操作中，我们要投资自己充分了解的行业或者自己非常熟悉的上市公司，不要对不熟悉、不了解的股票讲感情，不要忽视资本市场无情的一面。

第三，不要过度迷信基本面或技术面，两者结合才会产生更好的投资结果。

在股票市场中，有的投资者热衷于基本面分析，有的投资者喜欢技术面分析。无论是基本面分析还是技术面分析，都有其合理性和局限性。换句话说，任何一种方法都不可能包打天下、稳赚不赔。

在实际操作中，基本面分析与技术面分析都无法完全精准判断出市场接下来的走势。因为市场的走势会受到政策环境、投资情绪和资金环境等多种因素的综合影响。此外，外部市场环境和地缘局势等因素，也会对资本市场的价格走势带来影响。

从实践来看，投资者不要过度迷信基本面或技术面，两者相结合才会获得更好的投资结果。除了基本面与技术面之外，投资者还需要研究市场的投资情绪、政策环境和资金环境等因素。市场走势总是复杂多变的，投资者只有进行多方面的研究分析，才能够最大限度提升投资的收益率。

第四，学会逆向思维，懂得研究人性。

在资本市场中，你想要赚钱，必须懂得研究人性，学会逆向思维，而不是随波逐流。

股票市场至今仍脱离不了“七亏二平一赢”的铁律，这意味着真正赚钱的只有少数人，多数人处于亏损状态。在熊市行情中，亏钱的人可能不止七成，甚至高达八九成。也就是说，只有一两成的人可以在股票市场中赚钱，这是资本市场残酷的一面。

在投资股市的过程中，如果投资者想赚钱，就必须学会逆向思维。

既然多数人在资本市场中亏钱，这意味着只有学会逆向思维的人，才能够在资本市场中赚钱，成为少数的赢家。

值得注意的是，股票市场本质上是一个财富再分配的投资场所，在你赚钱的同时，意味着有人在亏钱。那么，我们应该如何培养自己的逆向思维？

最有效的逆向思考方式是，学会人弃我取，不要扎堆投资某一个项目。

举个例子，当股市处于熊市时，多数投资者总会心怀希望，总想着自己可以解套获利。于是，在熊市调整的阶段，多数人依然选择持有，并没有产生止损的想法，甚至不断加仓，希望降低成本。

随着市场环境持续恶化，人们的投资心态开始发生变化，之前平静的心态也开始变得焦虑不安，担心自己持有的公司股票会不会退市，甚至担心股票价格会不会继续“腰斩”。在高度焦虑的情绪影响下，投资者无奈选择低位卖出股票。尽管亏损幅度已经超过30%，依然无法阻挡他们卖出股票的行为。

人们纷纷选择在低位卖出股票的时候，恰恰是人弃我取的时间点。在别人悲观绝望的时候进行投资，在别人过度乐观的时候退出市场，这是人弃我取的精髓所在。

人弃我取听起来简单，实际操作却充满了难度。因为大多数人不知道什么时候是极度悲观，什么时候是极度乐观。只有判断出这个极限点，才能够做出正确的判断。

在实际操作中，我们不妨借助一些投资工具、参考一些投资场景、借用一些市场数据，从而提升自己判断的准确率。

首先，我们需要了解股票市场的底部特征，以便提高我们的投资判断能力。

以A股市场为例，我们不妨对市盈率、破净率和成交量等指标进行分析。通过对上述指标的分析，我们可以更好地了解市场所处的运行状态。

A股市场近20年的数据显示，上证指数平均市盈率在10倍至20倍之间；而在2007年、2015年的时候，上证指数的估值一度飙升至50倍以上。

在A股市场的历史行情中，市场总会在很短的时间内完成估值修复。所以，参考A股市场的历史数据，A股市场停留在20倍估值以上、10倍估值以下的时间会比较短暂，大多数交易时间的市场估值水平处于10倍至20倍之间。

截至2024年11月12日，沪市平均市盈率为14.48倍，沪市主板的平均市盈率为13.38倍（见图5−3−1）。在A股市场过去20年的时间里，该平均估值水平处于合理偏低的状态。

图5−3−1　2024年11月12日上交所市场数据

从价值投资的角度考虑，市场的平均估值越便宜，相应的投资价值会越高。回顾A股市场的历史数据可以发现，当股票市场的估值水平跌至极限低位水平的时候，股市出现大幅上涨的可能性会大幅提升。因此，股票市场较低的估值意味着较高的投资安全性。

破净率也是一个很重要的参考指标。

所谓破净率，即跌破每股净资产的上市公司数量占全部上市公司的比例，破净率越高，往往意味着市场的投资安全性越高，市场潜在的估值修复需求比较强烈。

在过去20年里，A股市场曾经出现过多次破净率突破10%的情况。例如。2005年998点、2008年1664点、2019年初的2440点以及2024年2635点等。这几个时间点都是A股破净率突破10%的重要时间点。

虽然股市破净率突破10%未必意味着股市已经真正见底，但回顾这几次股市破净率突破10%的时间点，恰恰是股市处于行情底部区域的时间点，距离真正的低点只有一步之遥的空间。拉长时间分析周期，在股市破净率超过10%的时候投资股票，赚钱的概率是比较高的。

再看看股市成交量的变化。一般来说，股市顶底的成交量都会存在一定的运行规律。

所谓量价先行，即成交量的变化对股票价格的波动有一定的引领作用。一般来说，成交量的变化规律可以划分为8种形态，包括量价齐升、量升价平、量缩价升、量缩价平、量缩价跌、量平价跌和量升价跌等。

当股市处于上升趋势时，量价齐升是最佳的量价形态，意味着价格上行伴随着量能的放大。这种形态具有看涨的预期。当股市处于下跌趋势时，量缩价跌意味着市场缩量阴跌。这种形态一般意味着股价仍然处于下跌中继，后续仍然有继续下跌的空间。

在实际操作中，基本面与技术面可以骗人，但成交量很难骗人。即使主力有意制造虚假的成交量，但对方只能在分时级别和日线级别制造假象。当你把K线图延伸至周线、月线的时候，你就可以看出主力资金的真实意图了。因此，掌握好量价关系，有利于提升自己对市场判断的准确率。

第五，学会复盘，胜不骄、败不馁。

为什么股市是少数人赚钱的投资场所？归根结底，与投资者的投资心态有关。

股票投资其实是一场心理比赛。谁的投资心态好，谁就可以一直留在市场里，成为市场中的少数赢家；谁的投资心态不好，谁就迟早会被市场淘汰。

遇到一轮牛市行情，几乎每个投资者都是股神。在单边上涨的行情中，基本上很难判断出谁是投资高手，谁是不及格的投资者。当市场重返熊市，大家的投资水平会暴露出来。投资心态的好坏需要经历时间的考验。谁能在市场里活得最长久，谁才是最后的赢家。

股票市场的行情复杂多变，无论是从基本面分析还是从技术面分析，都不如拥有良好的投资心态。另外，投资者还要学会复盘，就是对做过的交易进行事后分析，找到胜败的原因。这个习惯坚持下去，可以让你比多数人的投资胜率更高。

虽然股票市场属于高收益与高风险并存的投资渠道，但并不是说中年人就不能投资股票。中年人在掌握必要的投资要点的基础上，依然可以根据自己的风险承受能力适度参与股票投资，以便加快财富积累的速度。不过，中年人不宜将全部资金投入股市，万一遭遇较大亏损，可能会对自己晚年的生活质量带来负面影响。

理财小贴士

我们经常会听到“股市有风险，投资需谨慎”的提示。股票市场本身属于高收益与高风险并存的投资渠道。当你进入股票市场，就意味着你需要承受较高的投资风险。因此，对中年人来说，在进入股票市场之前，需要了解清楚自己的风险偏好，并且学习掌握一些必要的投资知识和要点，以免发生重大亏损，影响自己晚年的生活质量。

投资基金有妙招

一般来说，股票的投资风险大于基金，基金的投资风险大于债券。因此，基金的投资风险介于股票与债券之间。

虽然基金的投资风险比股票低，但权益类基金仍然属于高收益与高风险并存的投资品种。回顾历年来A股市场的大熊市行情，权益类基金的跌幅并不少，有时候甚至会比同期市场指数的跌幅还要大。

2021年初，基金市场很火，部分明星基金的管理规模在短时间内增长了数倍。自市场见顶之后，A股市场开始步入一轮深度调整的行情。在随后3年的时间里，不少权益类基金的跌幅非常大，甚至远大于同期市场指数的跌幅水平。从A股市场的历史走势分析，权益类基金的投资风险并不低，波动率比较大。

权益类基金属于高收益与高风险并存的投资品种，投资者在承担较高投资风险的同时，也会获得较高的投资回报预期。遇到牛市行情，权益类基金可以为投资者带来丰厚的投资回报率；但遇到熊市行情，权益类基金的净值回撤力度较大。所以，在实际操作中，基金尤其是权益类基金，未必适合保守型投资者参与。

一、哪些人更适合投资基金

既然不是所有人都适合投资基金，那么哪些人更适合投资基金呢？

客观来说，对资产配置有强烈的需求，或者很希望自己的财富得到快速增值的投资者更适合投资基金。

对这类投资者来说，他们更愿意配置权益类基金，意在获得资产增值的机会。在众多基金品种中，安全型的基金品种包括纯债基金和货币基金等，激进型的基金品种包括QDII基金、股票型基金和混合型基金等，稳健型的基金包括可转债基金、FOF基金、一级债基和二级债基等。与激进型的基金品种相比，稳健型的基金品种相对稳健，但也会存在净值波动的风险，它的投资风险比纯债基金和货币基金高，但明显低于激进型的基金品种。

假如你是风险厌恶型的投资者，那么在众多基金品种中，也许你更适合投资货币基金和纯债基金。因为你不愿承受权益类基金的高波动与高风险，所以绝大多数权益类基金都不适合你。

对大多数中年人而言，他们的风险承受能力普遍较低，因此更适合投资货币基金、纯债基金、一级债基和二级债基。当然，如果部分中年人的风险承受能力较高，那么他们可以增配少量权益类的基金，以提升整体的投资回报率。

二、投资基金之前需要做好哪些准备

虽然大多数基金的投资风险会低于股票，但权益类基金依然是高风险的投资品种。对中年人来说，投资基金之前，最好做好以下四个方面的准备工作（见图5-4-1）。

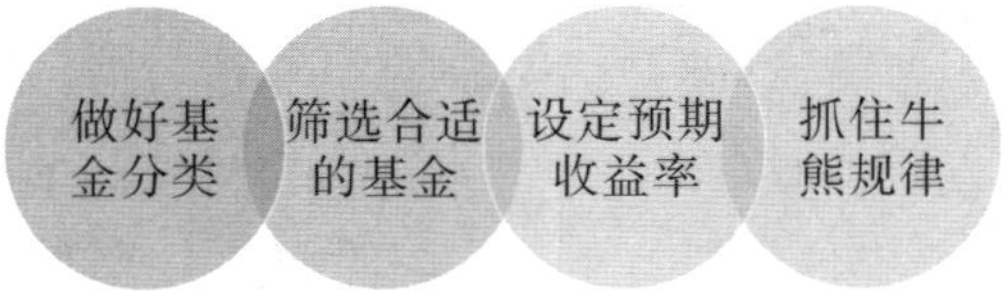

图5-4-1 投资基金之前的四项准备工作

首先，了解基金的具体分类。

按照投资对象进行划分，基金可以分为股票基金、债券基金、货币基金和混合型基金。

根据投资收益与风险的不同，基金可以分为成长型基金、收入型基金和平衡型基金。

从更细化的角度进行划分，基金可以分为QDII基金、指数基金、联接基金、上市型开放式基金、中银全球策略证券投资基金和场外基金等。

了解基金的具体分类和特点，有利于筛选出更适合自己投资的基金品种。不同的基金品种及不同的基金类型，会给我们带来不同的回报预期。在筛选基金的过程中，可以重新审视自己的风险偏好。

其次，根据投资者的风险偏好选择合适的基金品种。

投资者在投资基金之前需要了解清楚自己的风险偏好和风险承受能力。

如果你是风险厌恶型的投资者，那么你在选择基金品种的时候，尽可能选择净值波动率很低，几乎不存在净值回撤风险的投资品种。例如，货币基金和债券基金等。

如果你是稳健型投资者，可以承受一些投资风险，那么你可能更适合FOF基金、债券基金和纯债基金等投资品种。其中：纯债基金主要投资于债券市场，不涉及股票投资等；债券基金的投资范围比较广泛，部分基金不局限于债券市场，还包括股票市场和货币市场等。

假如你是激进型投资者，而且对大盘的判断比较准确，那么你可以投资指数基金。

投资指数基金的一大好处是可以最大限度降低投资“踩雷”的风险，避免个股“黑天鹅”的投资风险。此外，你还可以选择股票基金和混合型基金来实现资产有效增值的目标。选择这些基金需要具备一个前提条件，即具备较强的风险承受能力。

激进型投资者可以承受30%以上的投资损失，且不会因投资损失的增加而感到焦虑；保守型投资者不能承受任何的本金亏损，稍有损失就会感到明显的焦虑。这是激进型投资者与保守型投资者的最大区别。

再次，设定合理的预期收益率。

对投资者来说，提前设定一个合理的预期收益率可以更好地制定适合自己的资产配置计划。预期收益率越高，意味着你需要承受的投资风险越高；

预期收益率越低，意味着你需要承受的投资风险越低。风险与收益一般呈现正向关系，你可以承受多大的风险，意味着你可以获得多大的投资收益。

当你设定了自己的预期收益率之后，就需要根据自己的预期收益率制定适合自己的资产配置方案。

例如：激进型投资者的预期收益率会比较高，资产配置方案可以更加积极，投资组合里更偏向增配更多的高风险投资品种，以大幅提升自己的预期收益率；稳健型投资者应该更注重资产的科学配置，通过多元化的资产配置来达到更佳的投资效果。此外，保守型投资者应该更注重底层资产的配置比例。因为保守型投资者属于风险厌恶型投资者，所以在他们的投资组合里，应该要有较高比例的保本资产作为底层资产，以提升资产的安全性。

从整体上分析，激进型投资者更注重“冲”，稳健型投资者则强调“稳”，而保守型投资者更注重一个“守”字。

最后，懂得抓住牛熊市场的运行规律。

投资者如果在资本市场上懂得抓住牛熊市场的运行规律，那么将会大幅提升基金投资增值的效果。

众所周知，A股市场中素有“牛短熊长”的运行特征。基金投资者如果抓住了牛熊市场的运行规律，那么他们通过基金投资赚钱的可能性就会显著提升。

指数基金基本上与同期市场指数的走势相近。若投资者能看懂市场指数的涨跌规律，那么他们投资指数基金的胜率会显著提升。

与指数基金相比，主动型基金会把更多的话语权交给基金经理。所以，主动型基金的净值表现更取决于基金经理的管理水平。遇到优秀的基金经理时，投资主动型基金的投资回报率有可能会远高于同期市场指数的表现，或者投资效果会好于投资指数基金的效果。

总结起来，指数基金主要看市场指数的表现，主动型基金主要看基金经理的资产配置能力与风险管理水平。

通常来说，投资者选择主动型基金主要是为了追求超额的投资收益率，但在实际操作中，会存在部分基金经理投资表现不佳的现象。

自2021年以来，在A股市场处于深度调整的过程中，不少基金产品的净值出现漫长调整的走势，3年来部分主动型基金的调整幅度远高于同期市场指数。这是投资主动型基金的风险所在。

总之：激进型投资者可以考虑波动率高、净值表现活跃的基金参与投资，以追求更高的投资回报率；而稳健型投资者可以选取多只符合自身投资需求的基金参与投资，通过多元化的资产配置来达到科学理财的效果。另外，不建议保守型投资者参与投资指数基金和主动型基金，建议保守型投资者选择纯债基金和货币基金。此类产品发生大幅亏损的概率较小，资金相对安全。

理财小贴士

与波动幅度较大的股票相比，基金的投资风险略小，但这并不意味着基金投资就没有风险。经历过熊市行情的投资者会深刻感受到基金投资的高风险性。在熊市行情中，如果你投资股票基金、混合型基金和指数基金，那么你很可能会承受基金净值大幅缩水的风险。与之相反，在牛市行情中，你会享受到资产快速增值的乐趣。一般来说，基金的波动率低于股票。但基金投资同样属于高收益与高风险并存的投资方式。因此，中年人在选择基金产品时，应该结合自己的投资风格和风险承受能力选择合适的基金品种。

第六章

适合中年人的理财窍门

投资理财是一门技术活，成功者都是有技巧的。有的人投资很成功，有的人却投资失败，主要区别在于是否掌握投资理财的窍门。对中年人来说，在保障本金相对安全的基础上构建投资组合，适度“冲一冲”就能够很好地提升投资回报率。对于有一定资金量的中年投资者来说，哪怕回报率只提升1%，也会增加一笔可观的投资收益。

科学设置投资品种的占比

你是否遇到过资产如何分散配置的烦恼？如果你手握一笔资金，你该投资什么？各项投资品种的投资比例又是多少？

对于这些问题，相信不少人都很想知道解决的办法。事实上，科学设置投资品种的投资比例极为重要。

在实际操作中，投资比例的设置会影响该投资组合的投资回报率。如果你的投资比例设置不够科学，那么将会直接影响整个投资组合的投资表现。

一、三种主流资产配置方式

通常来说，一种高效的资产配置方式可以极大地提升资金利用率，同时也可以为我们赚取可观的收入。本节内容将会提供3种高效有用的主流资产配置方式。这些资产配置方式对中年人是非常有帮助的。

1．“532”资产配置方式

对激进型投资者来说，更适合“532”资产配置方式。与稳健型和保守型投资者相比，激进型投资者在资产配置的过程中需要增配更多激进型的投资品种，以便获得更高的投资收益。

具体来说，激进型投资者可以承受较高的投资风险，所以在“532”资产配置方式中，可以把最大的投资比例配置到高风险的投资品种里。例如，股票、指数基金、混合型基金、期货和期权等。激进型投资者可以将这些资产的投资比例提升至五成，通过增加对高风险资产的配置，提升该投资组合的预期投资收益率。

完成了五成的资金配置之后，接下来的三成资金可以配置一些中风险的投资品种。例如，REITs、可转债基金和信托产品等。配置中风险的投资品种既可以降低整个投资组合的投资风险，也可以达到稳健理财和资产稳健增值的效果。与高风险的投资品种相比，这类资产的回撤幅度相对较小。但中风险投资品种并不是低风险，甚至是无风险。投资这类投资品种仍然存在本金损失的风险。

最后的两成资金主要用来投资低风险的投资品种，以提升整个投资组合的稳定性与安全性。低风险的投资品种包括纯债基金、货币基金、银行理财、国债逆回购、大额存单、储蓄国债和超长期特别国债等。

通过“532”资产配置方式：一方面可以利用高中低风险的投资组合来提升资产配置的灵活性与有效性；另一方面可以更好地满足激进型投资者的资产配置需求，从而达到提升资金利用率与追求高收益两不误的目标。

2.“433”资产配置方式

对稳健型投资者来说，更适合“433”资产配置方式。投资者可以把主要的资产投向稳健型的投资品种，剩下的资金用来“冲”，追求超额的收益率。其中，四成资金投向保本理财的投资品种，三成资金投向中风险的投资品种，剩下的三成资金投向部分激进型的投资品种。这样可以提升整个投资组合的资产增值效果。

具体来说：四成资金投向低风险乃至无风险的投资品种，主要包括货币基金、银行活期定期存款、大额存单、储蓄国债、国债逆回购和超长期特别国债等；三成资金投向中风险的投资品种，主要包括纯债基金、债券基金、不动产投资信托基金、银行理财、可转债基金和中银全球策略证券投资基金等；另外三成资金投向中高风险的投资品种，包括黄金、混合型基金、股票基金、指数基金和QDII基金等。

这个投资组合基本上涵盖了高中低风险的投资品种，不仅为投资者带来稳健增值的投资效果，还有机会让投资者获得超预期的投资回报率。

3. “721”资产配置方式

保守型投资者比较适合“721”资产配置方式。

所谓“721”资产配置方式，主要包括七成的保本理财、两成的中低风险投资品种和一成的灵活投资。

具体来说：七成的保本理财主要包括银行定存、大额存单、储蓄国债和超长期特别国债等投资品种；两成的中低风险投资主要包括纯债基金、债券基金、不动产投资信托基金和银行理财等投资品种；另外一成的灵活投资主要包括新股申购、可转债申购以及国债逆回购套利等。

为何保守型投资者需要配置七成以上的保本理财？主要原因是此类投资者比较厌恶风险，基本无法承受本金亏损。因此，从安全保本的角度考虑，通过大比例配置保本理财，增配部分的中低风险投资品种可以达到资产保值的目的，同时又不影响本金安全。

从以上三种资产配置方式来看，不同风险偏好和风险承受能力的投资者适合不同类型的资产配置方式。投资者只有找到适合自己投资理财需求的资产配置方式，才能够在相对安全的基础上获得理想的投资回报。

二、如何调整投资比例

市场总是处于不断变化的过程，不可能永久不变。遇到突发情况，我们应该如何及时调整自己的投资比例呢？

举个例子，曾先生是一位保守型投资者，平时严格执行“721”资产配置方式，把大部分的资金投向保本理财。

随着孩子逐渐长大，曾先生开始筹划以后的置换房产计划。对快速成长的孩子来说，需要拥有属于自己独立的空间。曾先生需要把现在的一房一厅置换成两房一厅。

按照曾先生的粗略计算，要把现有的房产置换成两房一厅的房产，需要补50万元。

目前，曾先生拥有保本理财30万元、中低风险理财10万元及灵活理财5

万元。然而，这些资金不够50万元的置换成本。对曾先生来说，急需要调整自己的资产配置方式，在3年时间内通过投资理财凑够50万元。

如果曾先生45万元的本金按照保本理财约2.5%的回报率计算，那么一年下来，曾先生可以获得11250元，加上本息也只有461250元，距离50万元还差了38750元。

因此，曾先生需要及时调整自己的资产配置计划，以达到快速提升投资回报率的目标。

曾先生之前一直是保守型投资者，现在要迅速变成激进型投资者，显然并不现实。如果曾先生盲目转换自己的风险偏好，从保守型投资者一下子变成激进型投资者，那么曾先生极有可能资产增值未果，反而出现本金损失。在此背景下，曾先生可以从保守型投资者变为稳健型投资者，按照“433”资产配置方式进行资产调整。

从具体的配置方式来看，曾先生可把原来的七成保本理财进行拆分，留四成资金用作保本理财，拿出三成资金投向中风险的投资品种。例如，纯债基金、一级债基、二级债基、银行理财和可转债基金等。剩下的三成资金可以用于一些中高风险的投资品种。例如，指数基金和黄金等。

按照“433”资产配置方式，有七成资金基本上可以实现稳健增值，发生本金亏损的概率很低。另外的三成资金主要用来提升整个投资组合的投资回报率。

因此，对曾先生来说，需要把主要精力放在三成资金的利用上，可根据自己的熟悉程度参与激进型投资品种的投资。换言之：如果曾先生关注股票市场，那么他可以把主要精力放在指数基金的配置上；如果曾先生平时关注黄金市场，那么他可以进行黄金投资。

如果曾先生既不擅长股票和基金，也不擅长黄金投资，那么他就需要把激进型的投资品种调整为灵活性强的投资品种。

灵活性强的投资品种的主要特征是在风险可控的前提下实现资产增值。此时，曾先生既可以利用一些无风险套利手段实现获利，也可以通过配置部分高股息高市值的公用事业蓝筹股和银行蓝筹股等实现资产增值。相比起其他股票、基金，投资这些品种，波动率会更低，而且还可以通过市值配售获得新股申购的机会。

通过调整资产配置方式，曾先生的年回报率有望从2.5%提升至4%以上。如果按照4%的年回报率计算，那么曾先生45万元的本金一年可以获得18000元的收益。如果按照单利计算，3年时间可以为曾先生带来5.4万元的投资收益。如果按照复利计算，3年时间曾先生可以获得的投资收入就更多了，他的换房计划也可以顺利实施。

因此，资产配置方式并不是一成不变的。遇到不同的情况，可以对自己的资产配置方式进行调整和优化。特别是中年人，需要花钱的地方很多，更应该综合考虑自身的实际情况，拟定更适合自己的资产配置比例。

理财小贴士

在资产配置的过程中，投资者需要对投资品种进行合理的比例设置。而要让投资比例的设置更为合理，投资者就必须考量自己的风险偏好和风险承受能力等多个因素。如激进型投资者，波动率高、投资风险高的投资品种可设置更高的比例，减少保本项目。总之，资产配置方式不是一成不变的，需要根据自身的实际情况进行调整和优化。

掌握几种无风险套利方法

在投资市场中，总会出现复杂多变的问题。稍有不慎就容易导致自己的本金发生亏损。即使如此，在投资市场中，依然会存在一些无风险套利的方法。投资者只需要承担很低的投资风险，就可以换取较高的投资收益。无风险套利并不是完全零风险，在操作过程中需要掌握一些投资技巧。

一、无风险套利方法

在当前的市场环境下，掌握一些无风险套利方法对投资者来说可谓极为重要。尤其是中年人，任何较大幅度的资金损失都会给他们带来严重的后果。那么，有哪些无风险套利方法呢？

1. 新股申购

新股申购被认为是一种有效的无风险套利方法。新股申购的赚钱能力取决于新股上市之日的市场环境变化。一般来说，在股市处于牛市行情或者单边上涨行情的时候，新股上市首日的上涨概率是没有上限的。这意味着你在牛市行情下申购新股，一旦成功中签，基本上是赚钱的。

当然，如果新股上市遇到了熊市行情，那么新股上市首日可能存在破发的风险。不过，截至2024年11月，A股市场10元以下的低价新股上市首日的破发率极低。这意味着无论是牛市还是熊市，只要中签的新股是10元以下的低价股，那么上市首日大概率是赚钱的。

在市场处于低迷的状态下，主板新股破发率会低于科创板、创业板新股，同时低价新股的破发率会远低于高价新股的破发率。对投资者来说，只要记住这些规律，就可以将新股申购视为无风险套利的主要方法之一。

2. 可转债申购

可转债上市首日破发的概率极低，几乎可以忽略不计，除非遇到非常低迷的极端市场环境。

站在投资者的角度分析，申购可转债需要注意哪些细节?

一是注意可转债的信用评级。一般来说，可转债的信用评级可以分为A、B、C三档。其中，A档可以分为AAA、AA和A级。AAA级为最高级，也是三档中安全级别最高的评级。

AA级又称高级评级，可以细分为AA+、AA和AA-。一般来说，当可转债被评为AA级的时候，意味着该可转债的还债能力比较强，违约风险比较低。

在AA级之下是A级。A级可以细分为A+、A和A-。虽然该评级比不上AAA级和AA级，但当可转债被评为A级的时候，说明该可转债的违约风险比较低，还债能力比较强。

如果可转债的信用评级为B级、C级，特别是被评为BB级以下的信用评级，那么投资者就需要警惕该可转债的违约风险。一般来说，当可转债的信用评级在BBB级以下的水平时，很可能意味着该可转债的违约风险比较高，投资价值并不高。

假如某可转债的信用评级只有C级，那么该可转债基本上不具有投资价值。对相关的可转债品种，投资者还是少碰为宜。

因此，从投资安全性的角度分析，建议投资者选择AA级及以上信用评级的可转债。这样发生违约风险的概率比较低。

二是观察可转债的回售条款、赎回条款以及转股条款等。当某可转债的正股价格明显低于转股价格的时候，可能会牵涉到修正条款。这时候投资者需要观察上市公司是否下调转股价。因为转股价变化会影响到可转债的转股价值。

从投资者的角度考虑，可转债的到期赎回价格、每年的利率水平以及到期收益率等条件会影响该可转债的投资价值。

如果某可转债的信用评级为AA级以上，那么投资者基本上可以放心投资。不过，仅观察可转债的基本面和信用评级是不够的。可转债的到期赎回价格和到期收益率更能反映该可转债的投资价值以及投资回报预期。

到期收益率达到多少才是比较理想的状态？我们不妨与当时的真实通胀率进行比较，同时也可以与5年期的银行定期存款利率、5年期的储蓄国债利率进行比较。因为可转债的投资风险远高于银行定期存款或储蓄国债，所以市场会给可转债持有者一定的利率补偿。一般来说。只有可转债的到期收益率是银行定存利率的2倍以上，才能更好地补偿投资者。

遇到低迷的市场环境以及可转债品种扩容的压力，可转债市场的表现会显得比较低迷。对投资者来说，除非可转债的到期收益率明显高于其他稳健型的投资品种，否则可转债的投资吸引力并不是特别高。

3. 巧妙利用可转债规则，在面值下方寻找套利机会

在交易层面上，除了可转债申购之外，可转债交易也存在无风险套利的空间。

可转债价格存在一定的波动性。在可转债市场处于低迷的状态下，部分可转债难逃破发的风险。在极端的市场环境下，个别可转债的价格较发行面值可能折价20%—30%。面对可转债跌破面值的现象，我们需要针对不同情况区别看待。

第一种情况，可转债正股价格阴跌不止，且正股存在“披星戴帽”的风险，即使这类可转债跌破发行面值，参与价值也不高。因为公司股票随时存在退市的风险，可转债价格的波动风险会显著提升。

第二种情况，可转债信用评级在BB级以下，甚至出现信用评级只有C级的情况。这类可转债即便跌破发行面值，也不具有投资价值。因为信用评级的高低是一个衡量可转债投资价值的有效指标。

第三种情况，可转债的信用评级在A级以上，且公司基本面并未发生不健康的问题；然而，该公司可转债价格持续下跌，并跌破了发行面值。这个时候，投资者可以观察三个指标：第一个指标是该可转债的回售条款，第二

个指标是该可转债的到期收益率，第三个指标是该可转债跌破面值的空间。

在基本面未发生实质性恶化，且信用评级稳定良好的前提下，当可转债跌破面值水平时，投资者可以选择越跌越买的策略。

随着可转债价格的持续下跌，到期收益率会迅速提升，可转债的投资吸引力也会随之增加，即使触发了可转债的回售条款，对投资者来说也是有利的。在正常的情况下，公司会按照“面值+当期应计利息”来回报投资者，以保障可转债投资者的切身利益。

4. 利用国债逆回购的时间点进行套利

国债逆回购具有很高的投资安全性。如果投资者只是在交易日进行操作，那么相应的利率并不高，与同期货币基金的利率水平相近。但是，在一些特殊的时间点，国债逆回购的利率会显著提升，给抓住套利时间点的投资者带来短期可观的利息收入。

从历史数据分析，一般在月末、季度末、年末、五一长假前、国庆长假前和春节前，该利率会显著上升。归根结底，主要是因为上述时间点市场的资金需求比较旺盛，从一定程度上推高了国债逆回购的利率水平。

在实际操作中，如果懂得国债逆回购的操作技巧，那么只需要投资一天，就可以获得8天的利息收入。

举个例子，2024年10月1日至10月7日为国庆节休假时间，9月28日至9月29日为周末。如果投资者想要花一天时间换取8天的利息收入，就需要在9月27日投资1天期的国债逆回购。假如你在9月30日才开始投资国债逆回购，那么你将会无法享受假期的收益（见表6–2–1）。

表6-2-1　2024年国庆假期前投资国债逆回购操作参考

时间	国债逆回购品种	计息天数	资金可用	资金可取
9月25日	2天期	4天	9月27日	9月30日
	3天期	12天	9月30日	10月8日
	4天期	12天	9月30日	10月8日
	7天期	13天	10月8日	10月9日
9月26日	1天期	3天	9月27日	9月30日
	2天期	11天	9月30日	10月8日
	3天期	11天	9月30日	10月8日
	4天期	11天	9月30日	10月8日
	7天期	12天	10月8日	10月9日
9月27日	1天期	8天	9月30日	10月8日
	2天期	8天	9月30日	10月8日
	3天期	8天	9月30日	10月8日
	4天期	9天	10月8日	10月9日
	7天期	9天	10月8日	10月9日
9月30日	不享受假期收益			

由此可见，投资国债逆回购需要掌握一些技巧。当投资者了解国债逆回购的操作方法之后，只需要花费较少的时间，就可以获得较多的利息收入。

5. 不同银行之间的利息套利

在存款利率持续下降的背景下，投资者在银行存钱的利息收入也在持续减少。从资产保值的角度考虑，投资存款类的产品未必可以达到资产保值的效果。有时候，银行定期存款、大额存单的存款利率不一定可以跑赢同期通胀率水平。对投资者来说，只有合理调整自己的资产配置方式，才能提升自己投资组合的资产保值效果。

对保守型投资者来说，他们几乎不允许账户发生本金亏损的情况，因此最稳妥的投资方式是存银行和买国债。

保守型投资者基本上是银行的常客。银行活期和定期存款、大额存单是他们比较喜欢的投资品种。此外，他们还可能会投资一些银行代销的货币基金。这些投资品种都具有比较高的安全性。

在存款利率持续下降的背景下，对风险厌恶型投资者来说，可以利用不同银行之间的利差空间来提升自己的利息收入。

一般来说，国有大行的存款利率低于全国性股份银行，而全国性股份银行的存款利率低于城商行和农商行，城商行与农商行的存款利率有时候会略低于民营银行。只要属于正规的金融机构，50万元及以内的存款类产品都是存款保险制度的保护对象。

在存款保险制度的保护下，储户可以考虑把部分资金存入城商行、农商行和民营银行之中，通过将资产存放于不同的银行来提升存款的利息收入。

举个例子，截至2024年8月，作为国有大行之一的工商银行，整存整取1年期的定期存款利率为1.35%，整存整取3年期的定期存款利率为1.75%；作为城商行代表的宁波银行，整存整取1年期的定期存款利率为1.65%（个人人民币存款），整存整取3年期的定期存款利率为2.05%（个人人民币存款）。

从上述的数据对比来看，不同银行之间的定期存款利率相差了0.3%。可不要低估了0.3%的利息差距，如果你的资金量较大，那么相应的利息差距也会较大。

例如，A先生有100万元资金，3年内没有大额的支出需求，打算存入银行吃3年利息。如果他把100万元存入工商银行，那么按照整存整取3年期定期存款利率1.75%计算，在只计算单利的情况下，3年时间A先生可以获得5.25万元的利息收入。如果A先生把100万元存入宁波银行，那么按照整存整取3年期定期存款利率2.05%计算，在只计算单利的情况下，3年时间A先生可以获得6.15万元的利息收入。换言之，A先生只是换了一家银行，利息收入就增加了9000元，足够A先生去一趟省外旅游了。

事实上，不仅仅是银行定期存款，包括大额存单在内的存款类产品，在不同银行的存款利率同样存在一定的区别。对普通储户，尤其是中年储户来说，从投资安全性的角度考虑，在存款保险制度的保护之下，利用不同银行的利息差对存款进行合理配置，可在一定程度上提升存款的利息收入。

理财小贴士

对中年人来说，要想在投资理财的过程中获得更多的收益，必须加强学习，了解和掌握一些无风险套利的技巧。可别小看这些技巧，虽然它们不会让你一夜暴富，但如果你的资金量较大，而且投资的时间够长，那么你完全可以赚到不少别人不太注意的额外收益。

抓住投资复利的方法

可能很多人都听过舍罕王奖赏国际象棋发明人的故事。

从前有一位国王，他想要打赏国际象棋的发明者，并满足他的愿望。这位获得国王赏识的发明者表示："我有一个大棋盘，一共有64个格子，由8个横格和8个竖格组成。我需要在第一个格子上放1粒麦子，第二个格子上放2粒麦子，第三个格子放4粒麦子。以此类推，即每一个格子上放的麦子是前一个格子的2倍。"按照他的要求，当64个格子放满了麦子时，这些麦子就是他的全部奖赏。

国王想也没有想便答应了他。殊不知，即使国王搬空了全部的粮仓，也无法放满64个格子。

不要低估64个格子的魔力，如果按照国际象棋发明者的要求来操作，那么放满64个格子的麦子将会是一个天文数字。在实际操作中，不要说64个格子，哪怕只有32个格子，也会是一个让人吃惊的数字。

事实上，将复利运用到投资理财上会带来巨大的回报。

一、单利与复利的区别

与单利相比，投资复利的回报更大。所谓复利，也可以称为利滚利、息上息等。单利与复利有哪些区别？我们不妨从这两个公式进行分析。

单利的计算公式是"$I=P\times i\times n$"。其中，I代表的是利息，P代表的是本金，i代表的是利率，n代表的是总计息周期数。

复利的计算公式是"$F=P(1+i)^n$"。其中，F代表的是复利终值，P代表的是本金，i代表的是利率，n代表的是总计息周期数。

与单利相比，复利的终值指的是本金在约定时间内获得了利息之后，投资者再把本金与利息投入。本息复投是复利区别于单利的地方。

对投资者来说，应该如何掌握投资复利的方法呢？

事实上，影响投资复利效果的因素，一是年化收益率，二是投资期限。当你的投资收益率越高，且投资期限越长时，你的投资复利效果就越好（见图6－3－1）。

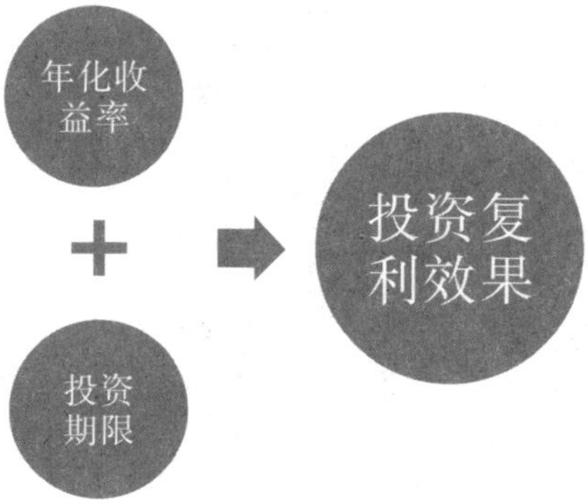

图6-3-1　影响投资复利效果的因素

简单来说，在同等条件下，投资20年时间会比投资15年时间产生出更多的复利。不要低估了本息复投的威力，即使投资收益率保持不变，但当你的投资时间足够长时，你的投资复利效果就会很明显。

举个例子，李先生构建了一个投资组合，年化收益率为6%。如果李先生投入本金100万元，计划投资5年时间，那么5年之后，李先生的投资按照单利与复利计算的话，收益分别是多少呢？

按照单利计算，5年之后李先生的本息合计是130万元；按照复利计算，李先生的本息合计是133.82万元。可以发现，通过复利投资，5年时间可以为李先生增加3.82万元的收益。

二、投资复利需要做好哪些准备

如今，越来越多的投资者都知道投资复利的重要性，但很少有人知道投资复利的方法。对普通投资者而言，应该如何掌握投资复利的方法呢？下面的六个步骤将会影响投资复利效果。

第一步，构建一个经得起市场考验的投资组合，并设定预期收益率。

构建一个有效的投资组合并不容易，需要根据我们的风险偏好、风险承受能力和资金规模等进行设计。适合自己的才是最好的，所以在构建投资组合的过程中，我们需要多花功夫。

构建好属于自己的投资组合之后，我们需要对该投资组合设定一个预期收益率。这个预期收益率将会影响我们的投资回报预期。预期收益率越高，意味着我们需要承受更高的投资风险。反之，如果预期收益率越低，意味着我们需要承受的投资风险越低。

第二步，准备好充足的资金，规划好投资期限。

要想获得更好的投资效果，需要提前准备好足够的本金。只有本金达到一定规模，投资效果才会更好。

当你开启自己的投资计划时，需要提前规划自己的投资期限及提前算好到期的本息金额，做到心中有数。

第三步，找到合适的投资工具。

投资者必须对可能使用到的投资工具有深刻了解，建议只做自己熟悉的投资品种，尽量远离陌生的投资品种。

在投资理财的道路上，难免会遭遇“黑天鹅”，或者遇到投资“踩雷”的情况。如何防止投资“踩雷”？关键是要学会“避雷”。而“避雷”的核心是投资自己熟悉的投资品种。

从新闻报道和身边的案例来看，但凡发生投资“踩雷”的，基本上都是陌生的投资渠道或投资品种。陌生的投资渠道和投资品种，一方面发生合规风险的概率较高，另一方面你未必可以看得清、看得透它的交易规则。与之相比，熟悉的投资渠道和投资品种，你对它有深入的认识，而且长期跟踪研究，发生投资“踩雷”的风险会大大降低。

第四步，研究哪些投资品种适合复利再投资。

要实现投资复利的目标，一要看投资品种是否靠谱，二要看该投资品种的回报率。只有同时具备这两点的投资品种，才能够让人安心投资、放心投资。追求投资复利是一个漫长的过程，需要投资者具有足够的耐心和一定的专业能力。

第五步，保持足够的耐心，等待财富增长。

当你完成了上述几个步骤之后，接下来你只需耐心等待财富增值。需要提醒的是，如果只是一两年，你未必可以看到财富快速增长的成果，只有耐心等待5年甚至10年以上，你才会真正感受到财富快速增值的快乐。学会慢慢变富，培养自己的耐心，也是一种修行。

第六步，做好风险管理，应对可能的突发状况。

最后一步，你需要为突发风险做准备。在投资理财的过程中，随时都可能发生变数，你的资产随时会发生大幅波动的风险。因此，你需要为突如其来的投资风险做好准备，提升自己的风险管理水平，增强自己的抗风险能力。

现实生活中，在投资复利方面做得比较好的是著名投资大师巴菲特。巴菲特旗下的伯克希尔·哈撒韦公司，1964年的净资产为2288.7万美元，2023年大幅攀升至5613亿美元。近60年来伯克希尔·哈撒韦公司的净资产规模呈现出几何式增长的趋势。

据不完全数据统计：从1965年至2023年，巴菲特旗下的伯克希尔·哈撒韦公司实现19%左右的年化收益率；而在1999年之前，巴菲特创造的投资复利率更高。1999年以后，随着伯克希尔·哈撒韦公司规模的不断攀升，至2023年，伯克希尔·哈撒韦公司创造的年化收益率只有10%左右。

从1965年至今，巴菲特的投资年化收益率在19%左右。试想一下，规模体量只有10亿美元的公司实现年化20%的增长率尚且不容易，更何况是伯克希尔·哈撒韦公司几千亿美元的市值规模了。

巴菲特把伯克希尔·哈撒韦公司打造成一家拥有几千亿美元市值的大公司，与他多年来坚持投资复利的策略密不可分。

翻看伯克希尔·哈撒韦公司的财报数据，可以发现上市多年来，伯克希尔·哈撒韦公司很少采取分红的策略，而是选择利润再投资，通过本息复投产生更好的投资效果。

事实上，在投资市场中，可以采取本息复投的途径有很多。例如，在股票投资方面，如果你选对了一家优秀的公司，并且把该公司每年的现金分红用来再投资，那么长期投资下来，你将会获得非常丰厚的利润。这就是投资复利的效果。

不过，值得注意的是，因为涉及投资期限的问题，投资复利对中年人来说，优势是极为明显的，但不一定适合老年人。

理财小贴士

与单利相比，投资复利的效果会更明显。对投资者来说，应该掌握一些本息复投的技巧，并充分利用复利效应提升资产增值效果。影响投资复利的核心因素，一个是时间，另一个是年化收益率。只要满足其中一个条件，你的投资复利率就会得到显著提升。此外，考虑到年龄问题，中年人和老年人对投资复利的契合度有所不同。

让利息收入“飞起来”

获得利息是一种被动收入，依靠劳动力赚钱属于主动收入。如今，很多人都希望在主动收入之外获得更多的被动收入。那么，在现实生活中，有哪些收入项目属于被动收入呢？

一、何为被动收入

从概念上来说，被动收入是不需要花费多少时间和精力的，也不需要照看，就可以自动获得的收入。

事实上，利息收入、股息收入、出租房产、社交媒体广告收入和资本利得等都属于被动收入。与主动收入相比，被动收入的最大特征是不需要花费太多的时间与精力，每月、每季、每年都能自动获取收入。

虽然获得被动收入是一件很美好的事情，但操作起来并不容易，需要一些外在的条件作为支撑。

例如：如果你想获得房租收入，那么你至少需要拥有一套属于自己且闲置的房产，然后把房产出租，这样才会让你获得房租收入；如果你想获得股息收入，那么你需要花钱买入一定数量的股票，而且该股票会长期稳定分红，这样才可以让你获得稳定的股息收入；如果你想获得利息收入，那么你需要在银行存入一笔钱，或者投资储蓄国债等，这样才可以让你获得利息收入。

综合来看，想要获得被动收入，需要一个产生被动收入的载体。例如，银行存款、房产、股票和基金等。与此同时，投资数量、投资金额不能太少，否则也会影响被动收入的获得感。

举个例子，陈先生拥有1000股的某上市公司股票，该公司的年股息率为5%。该公司的股票价格为10元，即陈先生持有1万元该股票的市值。按照每年5%的股息率，陈先生每年可以获得500元的股息收入，这笔收入就是被动收入。

但是，如果仅依靠每年500元的股息收入，显然是远远不够的。为了提升自己的被动收入，陈先生决定再拿出10万元投资该股票。这个时候，假设该股的价格不变，那么陈先生持有11万元的股票市值。按照5%的股息率计算，陈先生每年可以获得5500元的股息收入，这笔股息收入比之前明显增加。

二、如何让利息收入“飞起来”

获得被动收入听起来简单，但操作起来并不容易。不过，只要勤于学习，凡事都是有技巧的。下面以利息赚钱为例，讲解具体的步骤，看看怎么才能让利息收入“飞起来”。

第一步，尽可能积累你的投资本金。

只有当投资本金达到一定规模时，才会产生出更多的投资利息，获得被动收入的效果也会更好。

比如：在股市处于上升阶段时，有的人可以获利丰厚，盈利数十万乃至数百万元；而有的人虽然也抓住了机会，但在这一轮上升行情中，只能够盈利数百元、数千元。差距到底在哪里呢?

实际上，造成这种局面的关键可能不是你的投资嗅觉发生了问题，而是你的投资胆量不够或本金太少。

或许，你和其他人一样，也发现了投资机会，但你过于谨慎，只用很少的本金参与投资，想试探一下投资的机会。但是，因为你的投资金额太少，所以你获得的收益自然就很少。试想一下，甲和乙都以5元的价格购买了同一只股票，卖出价格均为8元，但甲的投资本金为10万元，买入的股票数量为20000股，而乙的投资本金为1万元，只能买入2000股。虽然两人所持股票的涨幅一样，但甲的收益为6万元，而乙的收益只有6000元，二者的收益相差10倍。

这个案例给我们提了一个醒：当你发现投资机会，而且个人觉得把握程度很高时，应该果断加大投资力度。本金的多少是拉开你与其他投资者差距的关键之一。

第二步，寻找符合你投资需求的靠谱的资产。

所谓靠谱的资产：一是熟悉该资产并长期跟踪研究；二是该资产合法合规；三是该资产长期稳健经营，“黑天鹅”风险发生概率极低；四是投资该资产时的估值水平属于合理偏低的范围，具备较高的投资性价比。

如何寻找靠谱的资产？关键要看该资产是不是你熟悉的投资品种。避开陌生的投资品种，不熟悉的不投资，这样基本上可以避开大部分的投资陷阱。

找到靠谱的资产可以大幅降低个人“踩雷”的风险。同时，投资靠谱的资产可以最大限度提升自身的抗风险能力，更好地满足资产配置的需求。

第三步，研究分析该资产的现金流与持续分红的能力。

长期稳健的现金流与持续分红的能力很重要。对投资者来说，这两个因素既能反映出这个资产的真实价值，也能衡量该资产的持续回报能力。假如某个资产没有持续分红的能力，那么它的投资价值将会大打折扣，甚至不具有长期投资的价值。

那么，如何找到同时具备长期稳健的现金流与持续分红的能力的资产？

最直接有效的办法是观察该资产的历史分红数据。它可以反映出该资产是否具备持续分红的能力。如果某个资产可以持续十年以上分红，就说明该资产基本具备持续分红的能力。

对股票和基金来说，应该重点观察它们的历史分红数据。对股票来说，更需要观察历史融资与分红数据的变化。有的股票分红力度大，但再融资力度也大，投资多年也未必可以获得丰厚的投资回报。

第四步，判断该资产是否具有永续经营的特征，该资产未来十年被取代的可能性有多大。

只有判断出该资产的持续经营能力，才能够决定持有该资产的具体期限。对长期依赖利息收入和股息收入的投资者来说，这一点很重要。

在投资之前，投资者需要观察某个投资品种的投资期限。有的投资品种的投资期限只有两三年，很难实现投资复利的效果；有的投资品种的投资期限长达数十年，但会设置一个封闭期。所以，投资者在投资前需要充分了解投资品种的投资期限，再做出是否投资的决定。

对于市公司股票，投资者需要考虑股票价格的高波动风险。投资者可以根据个人的风险偏好和风险承受能力来选择不同类型的股票。假设你的风险承受能力比较弱，而且你希望通过长期投资获得长期收益，那么你可以选择永续经营的企业。例如，水电股和能源股等。投资者可以通过长期投资获得可观的投资收益，避免短期价格的波动风险。

第五步，观察该资产的历史最大回撤幅度，做好极端情况下的风险管理措施。

当你选择了一个投资品种或构建了一个靠谱的投资组合之后，完善的风险管理措施必不可少。因为你永远不知道突发风险什么时候到来。如果你没有做好准备，那么突发风险来临时你将会处于非常被动的境地。

具体来说，当你选择了一个投资品种或者构建了一个投资组合，完成了各种分析之后，在开始这笔交易之前，你需要先观察该投资品种或投资组合里资产的历史最大回撤幅度，并做好极端情况下的风险管理措施。

当你完成了以上步骤之后，你将会比其他人更有底气，获胜的概率也更高。对你来说，即使未来发生极端情况，但因为提前做好了准备工作，所以你的心态会比其他人更加平稳。

第六步，重视投资复利，对经得起市场考验的优质资产进行红利再投资。

与投资单利相比，投资复利的效果更显著。影响投资复利率的关键因素有两个，一个是投资期限，另一个是年化收益率。投资期限越长、年化收益率越高，你的投资复利效果会越好。

包括股票和基金在内的一些优质资产最适合实施红利再投资。事实证明，优质资产采取红利再投资的策略，可以获得更可观的回报。

那么，什么样的资产更适合采取红利再投资的策略呢？

第一，该资产具备长期股息分红、基本面稳健以及长期运营的特征。

第二，该资产价格长期处于上升趋势，投资者在绝大多数时候买入都可以实现正收益。

第三，该资产估值合理，具有很深的“护城河”，不会被竞争对手轻易追赶。

符合上述特征的资产，基本上都可以采取红利再投资的策略。

综上所述，只要做好上述六个步骤，基本上就可以让利息收入“飞起来”。当你完成了上述步骤，并且找到符合上述条件的资产，接下来你只需要耐心持有，即可享受资产增值的成果。

不过，值得一提的是，好的资产并不多，所以在实际操作中，更考验投资者的资产筛选能力以及资产配置能力。对中年人来说，一旦找到好的资产，应该要好好珍惜它，并牢牢持有，为老年生活积累必要的财富。

理财小贴士

如何让利息收入“飞起来”？关键在于提升筛选资产和配置资产的能力。当你的资产筛选水平与资产配置能力得到提升，那么你的投资利息将会得到明显增长。不要小看1%的投资利率差别，当你的资金规模足够大的时候，你会发现每提升1%的收益率，获得的利息收入将会更可观，你的老年生活质量也会得到显著改善。

第七章

为高品质的晚年生活做准备

什么时候需要为自己的晚年生活做准备？如果你有较强的经济实力，20多岁就可以为自己的晚年生活做规划。如果你的经济实力一般，那么你可以在中年阶段做规划。即使你的经济实力欠佳，也不要到临近退休才做规划。对中年人来说，如何增加自己多元化的收入极为关键。总之，准备越充分，你的晚年生活质量和幸福指数就越高。

增加多元化收入

人到中年，最怕自己及家人生大病，一旦家庭发生变故，那么整个家庭的生活质量将会大幅降低。与此同时，人到了中年，整体收入会呈现出逐渐下降的趋势。因此，中年人必须想办法增加多元化收入。

如果你只依靠某一个收入来源，一旦发生变数，你就会陷入被动的境地。主动增加多元化收入，主要目的是提升个人及家庭的抗风险能力。

不同年龄段的人，他们的收入方式和收入来源也会有所不同。总体上来看，年轻人主要依靠主动收入，而中年人应该采取主动收入加被动收入“双轮驱动”的方式，老年人则主要依靠被动收入。

一、老中青群体的收入构成

从实际情况来看，不同年龄段的人，他们的收入结构是有所不同的。比如，老年人的收入结构主要由退休金、房租收入、股息收入和利息收入等组成。对他们来说，随着年龄不断增长，他们已经不适合通过劳动来赚钱了。他们基本上无法依靠主动收入，只能更倾向于被动收入。

与老年人相比，中年人的经济负担比较重。对不少中年人来说，他们正处于“上有老，下有小”的阶段。对他们来说，仅仅依靠主动收入是远远不够的。因此，他们必须想方设法增加被动收入。

以主动收入为例，中年人的收入主要包括工资收入、绩效收入及奖金等。在生活成本不断提高的背景下，面对房贷、车贷、孩子的教育费和老人的赡养费，中年人在经济上容易捉襟见肘。此时，他们最好是再寻找一些被动收入。比如房租收入、股息收入、利息收入、版税收入、自媒体收入和专利费收入等。对中年人来说，采取主动收入与被动收入相结合的方式，一方面是现实需求，另一方面是完全可以做到的主动选择。毕竟他们在阅历、资源和人脉等方面都有了一定的积累。

青年人的收入结构绝大部分依靠主动收入。对青年人来说，他们缺乏工作经验，专业知识不够丰富，专业技能也不够扎实，所以被动收入的占比会很低。在青年阶段，工资收入和绩效收入是主要收入来源。

通过对比发现，老年人、青年人的收入结构比较单一，中年人的收入可以更加多元化。与老年人、青年人相比，中年人可以凭借自己的工作经验和工作技能，为自己赚取更多的额外收入。此外，随着他们的储蓄越来越多，还可以通过股票投资、基金投资以及其他投资方式获取更多的被动收入。

由此可见，要想获得多元化收入，需要不断积累工作经验和专业技能。而丰富的知识面、扎实的专业技能和深厚的资源储备等都是中年人获得多元化收入的重要前提。

二、如何增加多元化收入

增加多元化收入固然重要，但在实际操作中，并不是轻轻松松就能实现的。那么，对中年人来说，应该如何增加自己的多元化收入？我认为，需从以下几方面下功夫。

第一步，根据自己的年龄以及身体健康状况，评估可以获取主动收入的能力。

与被动收入相比，主动收入主要是用时间换取金钱，需要花费大量的时间与精力去获取。通过体力劳动或脑力劳动来获取工资收入，这是大多数人的现状。随着年龄不断增长，通过主动收入来获取金钱的难度会越来越大。因为人随着年龄增长，相应的体力与精力会随之下降，大脑思考也没有以前那么活跃。基于此，我们应该根据自己的年龄和身体健康状况，客观评估获得主动收入的能力，并思考如何获得被动收入。

第二步，挖掘潜能，为自己创造被动收入。

被动收入覆盖的范围很广泛，既可以通过投资理财获取被动收入，也可以通过挖掘自己的各种潜能创造被动收入。前者需要财富的积累。当财富积累到一定程度的时候，即可通过投资理财获得可观的被动收入。后者主要体现在知识变现、技能变现等方面。

如何挖掘自己的潜能？

一是做自己感兴趣的事情。兴趣是人生最好的老师，只有做自己感兴趣的事情，才能够事半功倍。

二是不断增加自己的知识储备、提升专业技能。只有在某一领域中成为高手，才能够实现知识变现、技能变现。积累学习是一个漫长的过程，也是创造被动收入之前的必经之路。

三是为自己探索出一条商业变现之路。挖掘自己潜能的目的是实现知识变现、技能变现。在自媒体时代，不少行业专家纷纷开立个人自媒体账号、打造个人IP和粉丝引流等，均可获得被动收入。比如，知名作家、资深出版人姚先生，利用自己多年来在写作和出版方面的专业知识和实操经验撰写商业图书，在多家主流平台注册了“作家出版人姚××”的自媒体账号，开设付费专栏，获得了一定的被动收入。

第三步，不断积累本金，为投资理财打下坚实的基础。

知识变现和技能变现是创造被动收入的方式，投资理财也是比较常见的获得被动收入的方式。不过，与知识变现不同的是，投资理财需要准备一定数量的本金。理论上，本金越多，可以创造出来的被动收入就越多。与此同时，你还需要学习必要的专业知识，打好基本功，这样才能减少犯错的次数，降低投资风险。

从安全的角度出发，如果是刚刚开始接触投资理财的人，前期不宜投入太多的资金。在本金较少的时候，犯错的成本是最低的。这个时候，可以主动试错，在不断试错的过程中总结经验，吸取教训，以避免后面在投资较大本金时，踩到大“坑”，遭遇较大的亏损。

第四步，找到自己的赚钱模式。

当你的知识和技能以及本金有了一定的积累之后，接下来就应该想办法探索出一种适合自己的赚钱模式。当你找对了赚钱模式，那么接下来你的人生将不会迷茫。当然，增加多元化收入并非一朝一夕可以实现，而是需要不断积累、长期坚持才能达到预期目标。

在实际操作中，我们需要提前做好准备，在知识、技能以及资源等方面，提升自己，努力成为行业专业人士。一旦能力和资源达到一定阶段，获取被动收入的渠道就会越来越多。

第五步，将多元化收入做到极致重复。

同样的工作，为何有的人依靠这份工作赚到大钱，有的人却只能够勉强维持生计，差别到底在哪里呢?

简单来说，如果把一件事情或一份工作做到极致，并且做到极致重复，就会开辟一片新天地。

举个例子，在东京巷尾的“一兰拉面”后厨，林师傅每天凌晨4点准时开始重复同一套动作：揉面。这位第三代传人用38年的时光，将揉面这件基础活淬炼成一门行为艺术。如今已年过60岁的林师傅仍每天站在揉面台前，他说：“揉到第10万次时，突然明白所谓极致，不过是把简单做到神明都惊叹的程度。”这家不足30平方米的拉面店，已连续多年入选“全球最优秀的1000家餐厅”榜单。

同理，如果你想要赚更多的钱，那么你需要把一件事情做到极致重复。保持极致重复的习惯，将会是你走向成功的关键，同时将会大幅增加你的多元化收入。

通常来说，只要认真做好上述五步，就会让你的赚钱能力大幅提升，并显著增加你的多元化收入。

值得一提的是，与年轻人相比，虽然中年人的精力不占优势，但他们基本上都积累了丰富的人生阅历和各种资源。遗憾的是，很多人并没有意识到其价值所在。举个例子，我有一个朋友，年过40岁，除了工资收入，依靠自己的人脉，每年给人介绍业务就能拿到10多万元的介绍费，这部分就是被动收入，而且已经比很多上班族的年工资还高，真是让人羡慕。

理财小贴士

对“上有老，下有小”的中年人来说，如果想要提升自己的生活质量，仅仅依靠单一收入来源是远远不够的。为此，他们应该通过专业知识、从业经验和人脉关系等来增加多元化收入。当然，增加多元化收入知易行难，需要我们不断总结，挖掘自身潜能，并找到更适合自己的赚钱方式。

努力做到“躺着赚钱”

“躺着赚钱”是很多人一辈子的梦想。但是，并不是所有人都可以实现这个目标。这是因为“躺着赚钱”需要一定的技巧、经验、投资嗅觉以及长期的积累。只有逐渐从量变转变为质变，才能够在真正意义上实现“躺着赚钱”。

对高净值家庭来说，他们可以轻松实现“躺着赚钱”。因为他们无须辛苦打工，只需要利用自己的本金，加上适合自己的资产配置技巧，就可以轻松实现“躺着赚钱”的目标。

与普通家庭相比，高净值家庭拥有较多的可支配资金。他们可以利用这些资金进行投资、消费。除了更多的可支配资金外，高净值家庭在资产配置、风险管理以及投资技巧等方面也比普通家庭拥有更多的优势。

值得一提的是，高净值家庭之所以财务自由，是因为他们经历了长期积累，并且拥有非常成熟的投资技能，这是普通家庭难以一时追上的主要差距。

一、“躺着赚钱”需要做好什么准备

“躺着赚钱”并非遥不可及。但是，对普通人来说，要想做到“躺着赚钱”，必须付出很大的努力。那么，“躺着赚钱”需要做好哪些准备呢？归纳起来，有四个关键步骤（见图7–2–1）。

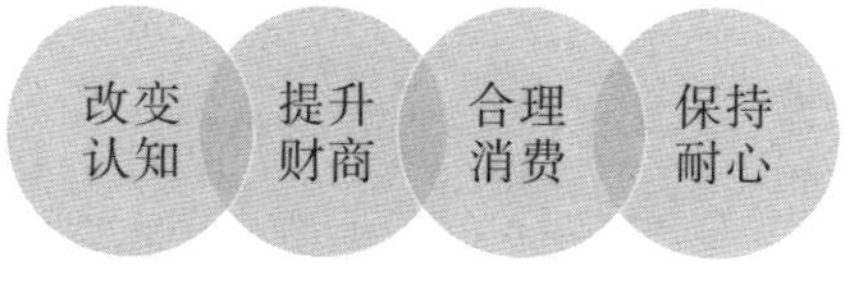

图7–2–1　实现“躺着赚钱”的关键四步

首先，改变自己的认知能力。

认知能力对一个人的影响有多大?

举个例子，A先生认为，在存款利率持续下行的环境下，做投资是白费工夫，还不如尽情消费享受生活。B先生则认为，消费需要适度，做投资理财是很有必要的。

于是，A先生把每个月的收入花光，成了“月光族”。B先生在扣除基本生活开支之后，把剩下的钱存起来，并进行多元化的投资，年化收益率大概为3%。

5年时间过去了：A先生依然是一个“月光族”；B先生则通过自己的存钱习惯，为自己积累了40万元，同时还通过多元化的投资让自己多收获一份利息收入。

10年之后：A先生继续是一个“月光族”，存款几乎为零；B先生则是一个拥有百万存款的人，生活质量得到了明显提升。

这个故事告诉我们一个简单的道理——人需要为自己的认知买单。一个人要改变财富命运，就需要提升自己的认知。只有自己的认知提升了，才能够进入更高的层次和更好的圈子。

事实上，认知能力不同，你所看到的世界完全不同。

如果你只愿意停留在自己的圈子里，那么你的财富状况也会因为你的认知能力而受限。如果你敢于迈出一步，并不断挑战自己，那么你的认知能力将会发生重大变化，你的财富地位也会发生变化。

有的人认为一辈子存100万元是了不起的事情；有的人则认为一辈子可以存1000万元；还有的人认为财富没有上限，人一生需要不断挑战自己，不断创造佳绩。如果你连想都不敢想，泼天的财富又从何而来?

其次，需要提升财商能力。

提升财商能力，也就是提升我们的赚钱思维和能力，学会与钱交朋友。如果一个人没有财商能力，那么他就会缺乏金钱观念。如果一个人没有金钱观念，那么他就很难致富，更谈不上“躺着赚钱”了。

如何提升我们的财商能力？一方面，需要我们树立起金钱观念，对金钱有深入的认识；另一方面，需要我们不断学习，多接触与钱有关的事情，多了解投资知识、投资品种和投资工具。

当然，一个人要拥有财商能力，并非一朝一夕可以实现，而是需要经历漫长时间的积累。一旦你拥有了真正意义上的财商思维，将会彻底改变你的认知和金钱观念，你将会受益一生。

再次，积累足够多的本金。

要实现“躺着赚钱”，需要积累足够多的本金。如果你没有一定规模的本金用于“利滚利”，那么你即便拥有再多的理财技巧，作用也是有限的。

本金的积累，本身是一个漫长的过程。从0到100万元，有的人需要5年，有的人需要10年，有的人可能需要一辈子。你只有拥有属于自己人生中的第一笔100万元，才有机会赚到更多的100万元，而赚到更多100万元的前提是，你拥有一定数量的本金。

拥有一定数量的本金，是你进行投资理财的第一步。接下来，你还需要形成合理的消费观念。

哪怕你拥有1000万元，如果每天过度消费，又不做任何投资理财，那么你很可能会快速消耗掉你的本金，最后变成穷人。

因此，若想守住财富，就必须形成合理的消费观念。那么，我们又应该如何形成合理的消费观念？

最有效的办法是学会记账，记录自己的开支情况，并列成一张表。如果你觉得每天记账过于麻烦，也可以做成月账。你可以把自己的开支拆分为必选消费与可选消费，然后从可选消费项目中进行拆解，观察哪些项目可以节省，哪些项目不可以节省，并从可以节省的项目中进行筛选，剔除可以减少的消费项目。

除此以外，你还要学会货比三家，找出高性价比的商品。在消费的过程中，不要盲目消费。提前做好消费计划，减少不必要的消费支出。

按照上述的步骤，只需坚持一年，你就会惊喜地发现，拥有合理的消费观念，竟然可以为自己节省一大笔钱。

最后，在存钱、省钱和投资方面保持耐心。

正如前文所述，本金积累是一个漫长的过程。存钱、省钱和投资都需要耐心，切勿三天打鱼两天晒网。

以省钱为例，如果你确实缺乏耐心，不妨制定一个循序渐进的省钱计划。

例如，刚开始的时候，你可以设置半个月的存钱计划，当自己完成半个月的存钱计划后再进入下一步的挑战。到了第二个阶段，你可以设置三个月的存钱计划。到了第三、第四阶段，你再逐步把挑战的时间延长至半年、一年等。长期下来，你会深刻感受到存钱和省钱的重要性。

完成上述几个步骤之后，你会对投资理财有一个深刻的认识。只有用正确的方式做投资理财，才会取得额外的收益。随着时间的推移，只要你将上述步骤坚持下去，完全有可能实现“躺着赚钱”的目标。虽然“躺着赚钱”对普通人来说很遥远，但是如果你的执行能力很强，说不定哪一天会提前实现。

二、“躺着赚钱”也需有危机意识

值得注意的是，如果你拥有了“躺着赚钱”的能力，确实值得恭喜。但这并不意味着你可以永远做到“躺着赚钱”。因为市场总是充满了变化和各种波动，而波动必然伴随着风险。

“躺着赚钱”是阶段性还是长期性，取决于你的资产配置水平与风险管理能力。

资产配置水平将会影响你的投资回报预期，风险管理能力将会决定你的资产回撤幅度。换言之，即使你拥有很好的资产配置能力，也需要时刻树立危机意识。就算当前的你已经做到了“躺着赚钱”，不代表你以后也可以做到“躺着赚钱”，一直稳赚不赔的赚钱方式几乎是不存在的。

举个例子，过去20年，投资房地产尤其是投资核心城市的房地产，被视为稳赚不赔的投资方式。只要你买到了，就相当于赚到了。

在房地产市场处于长期上升趋势的过程中：有的人为了追求投资利润的

最大化，采取了高杠杆投资的行为；有的人因为资金有限，投资一套房产也需要向银行贷款，或者向亲戚朋友借钱，但仍愿意通过高杠杆投资来满足购房的需求。

在上升趋势中，部分人投资性买房主要是为了实现资产增值。但是，随着房地产市场开始步入调整周期，房地产的投资回报预期开始发生变化，买房增值的惯性思维正在改变。在调整周期下，房价难逃下跌的命运。对那些加了高杠杆购房的投资者来说，房价每下跌5%，个人的财富就会显著缩水。如果房价继续下跌，甚至可能让他们多年的投资成果毁于一旦，“躺着赚钱”也会成为泡影。

需要指出的是，世界上几乎不存在只涨不跌、稳赚不赔的投资品种。虽然存在一些保本理财的产品，但这些产品只能给投资者带来很低的收益率，甚至无法达到资产保值的效果。因此，对投资者来说，不能够完全依靠某一个投资组合。一旦市场价格发生波动、投资风险开始释放，如果不及时进行调整，那么这些资产将会遭受巨大的损失。

尤其对于中年人来说，无论构建的投资组合多么稳健，也需要时刻保持危机意识。当发现投资组合的安全性开始下降的时候，他们必须及时调整投资组合，始终把风险放到首要位置。否则，前期积累的资金可能会发生大幅缩水，从而影响后半生的生活质量。

理财小贴士

“躺着赚钱”是很多人一辈子的梦想。随着年龄不断增长，赚钱的难度会越来越大。到了中晚年的时候，如果无法提升自己的被动收入，仅依靠主动收入，财富积累的速度是很慢的，不太可能实现“躺着赚钱”。因此，最好的做法是，趁着年轻，努力提升自己各方面的能力。到了中年，多元化收入增加了，“躺着赚钱”的能力也会逐步具备，高质量的老年生活也将成为可能。

养成良好的生活习惯

每个人的身体情况不同，到了一定的年龄，有的人会出现健康问题，有的人身体状况仍然跟年轻人一样健康。不同的生活习惯会对后半生的身体健康状况有较大的影响。

一、生活习惯对于身体健康的重要性

朱先生今年55岁。他平时不注重锻炼，而且经常熬夜，中年时就已患高血压、糖尿病，快到晚年，每天离不开药。如果病情恶化，那么很可能会引发并发症，对朱先生及他的家人将会造成沉重的打击。

朱先生出现严重的健康问题，主要与他年轻时的不良生活习惯有关。高血压与糖尿病是无法根治的，意味着朱先生需要长期用药，这对他的生活将会构成比较大的影响，不仅费钱，还伤身。

李先生今年也是55岁。但从李先生的精神面貌来看，跟40多岁的人差不多。与朱先生不同，李先生没有慢性病，而且身体素质较好。

李先生拥有好的身体，与他平时良好的生活习惯有关。李先生平时不抽烟、不喝酒、不熬夜，而且坚持每天锻炼。长期下来，李先生的身体状况、精神面貌都比同龄人好。

从上述案例可以看出，生活习惯会对一个人的身体健康产生非常重要的影响。

如果你重视自己的身体，那么你必须改掉不良的生活习惯。例如熬夜、抽烟、酗酒和久坐等。时间久了，这些不良的生活习惯会严重侵蚀你的身体。

二、要趁早改掉不良的生活习惯

有的人比较懒惰，总是把事情拖到最后才解决。这种行为并不提倡。因为当你有了拖延症，以后你想改掉这个不良习惯的难度会很大。

趁着中年的时候，尽快改掉这些不良的生活习惯。否则，随着年龄不断增长，你的拖延症会越来越严重，这将会给你的生活带来消极的影响。

在读书的时候，很多同学喜欢“临时抱佛脚”，不到最后一刻，不愿意多花时间去复习。运气好的时候，考试可以勉强通过；运气不好的时候，则是“临时抱佛脚”的行为让自己通不过考试。如果是决定人生命运的高考，那么这种行为可能会让自己付出沉重的代价。

无论是读书考试还是保养身体，都不应该持“临时抱佛脚”的心态。有些事情，如果你错过了最佳的准备时间，那么你需要花费数倍的努力才能够追回来。很多时候，你错过了就是错过了，没有第二次机会。

要想提升晚年的生活质量，不要等到年老的时候才开始准备。趁中年的时候，养成良好的生活习惯，尽量保持健康的体魄，到了年老之时，你将会感谢自己中年时所做的正确选择。通常来说，中年时你在身体方面所做的准备工作越充足，你的晚年生活质量会越高。

三、保养身体的一些做法

保养身体不是一朝一夕可以实现的，需要做好打持久战的准备。要想拥有一个健康的身体，我们需要长期做好如下几点。

第一点，保持规律的作息时间。

现代人经常熬夜，作息毫无规律。年轻的时候，经常熬夜对身体的伤害不算很大；但到了中老年，经常熬夜将会极大地伤害我们的身体。只有保持规律的作息，早睡早起，才能够更好地提高我们的身体素质。

第二点，注意均衡饮食。

病从口入，在日常生活中，我们需要养成良好的饮食习惯。具体来说，要保持均衡的营养，这是提升身体素质、保持身体健康的重要条件。

第三点，每天坚持锻炼，而且需要科学运动。

生命在于运动。每天坚持锻炼，进行适度的有氧运动、平衡训练和力量训练等，不仅会提高自己的身体机能，甚至还会起到延缓衰老的作用。

第四点，定期体检，感到不适要第一时间治疗。

人到中年，身体机能开始下降。随着年龄增长，身体难免会出现一些“小毛病”。不要忽视这些不起眼的“小毛病”，如果不及时治疗，可能会导致症状的加重。因此：年过35岁的人，需要定期体检；年过50岁的人，尽量争取每年进行一次全身检查。

除此以外，建议每天睡前看看书，或者听一些放松心情的音乐让自己放松下来，这也是有助于睡眠、有益于身心健康的做法。

理财小贴士

提升自己的晚年生活质量，需要从多方面下功夫。其中，养成良好的生活习惯，让身体处于健康的状态非常重要。把身体照顾好是明智的投资，这会在一定程度上提升我们的晚年生活质量。提升晚年生活质量，不要等到自己年老的时候才开始重视，需要在中年时就开始准备。准备工作越充足，你的晚年生活质量会越高。

防止“大病致贫”

人吃五谷杂粮，生病是很正常的。小病可以治疗，也不会花费太多的钱。人们最担心的是生大病。一旦不幸遭遇大病，除了身体备受煎熬，还会耗费大量的金钱，甚至可能倾家荡产。所以，对普通家庭来说，需要时刻做好“防大病”的准备。尤其是中年人，需要做的准备更多。

那么，如何防止“大病致贫”呢？具体要做好以下五个步骤（见图7-4-1）。

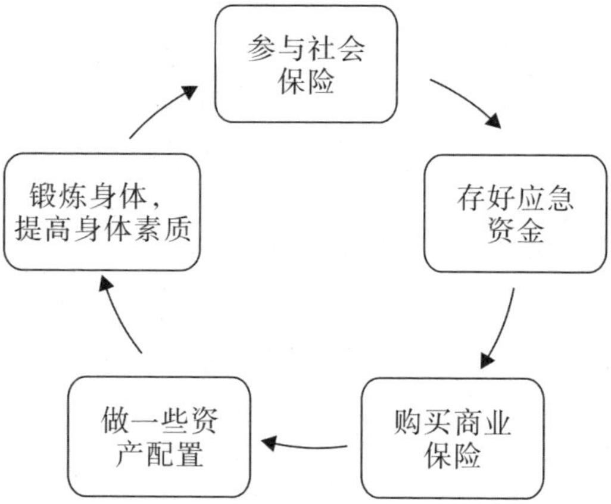

图7-4-1　防止“大病致贫”的五个步骤

第一步，提前参与社会保险，尤其是职工医保与居民医保。

虽然社会保险不属于真正意义上的福利，但对普通人来说，参与社会保险可以有效减轻个人的医疗负担压力。

职工医保与居民医保存在哪些区别？

一是缴纳金额不同。一般来说，职工医保的缴费比较高，主要由用人单位与职工共同承担。与之相比，居民医保的缴费较低，主要由个人承担，政府给予一定的补贴。职工医保采取的是按月缴纳的方式，而且缴费年限可以累积。假如中间发生了断交的情况，那么之前缴纳的年限也可以累计计算。居民医保则按年缴纳，采取的是缴一次保一次的方式。

二是两者之间的报销比例不同。一般来说，职工医保的报销比例会比居民医保高，为70%—85%；居民医保的报销比例为50%—70%。此外，一级医院与二级医院的报销比例会有所不同，住院费用的多少也会影响到报销比例。

值得一提的是，职工医保主要针对的是有工作单位的人员以及灵活就业人员，居民医保主要针对的是经济条件不是很好的人员及学生群体等。

对个人来说，到底是购买居民医保还是职工医保，取决于你的经济实力。换言之，如果你的经济实力比较强，每月收入可以完全覆盖掉你的基本生活开支，而且还可以存下一笔钱，那么建议你选择职工医保；假如你的经济实力一般，每月收支比较紧张，那么建议你选择居民医保。

第二步，树立起提前储蓄的观念，为“防大病”存好一笔应急资金。

普通家庭容易“因病致贫”，特别是重大疾病。在这个关键时候，非常考验你提前准备的情况。如果你提前做好储蓄准备，那么当大病不幸降临的时候，你会有足够的风险抵御能力。换句话说，如果你没有为“防大病”提前做好准备，那么当大病降临的时候，你将会变得非常被动。

那么，多少储蓄才是合理的?

“防大病”意味着我们在生活中必须做好最坏的打算。按照最坏的打算，在已经拥有职工医保或居民医保的基础上，手中握有50万元以上的储蓄是有保障的。50万元对普通家庭来说，也许有较大的难度。从保守的角度考虑，家中起码掌握10万元以上的储蓄，才能够具备一定的风险防御能力。

因此，对普通家庭来说，需要采取强制储蓄的策略，按照家庭成员每月总收入的一定比例进行强制储蓄，并长期坚持下去。这样一来，才能够有机会为自己及家人存下一笔钱。

第三步，有针对性地购买商业保险。

商业保险的价格不便宜，并不是所有人都可以承受。但是，对普通家庭来说，商业保险还是有必要配置的，其作用相当于社会保险的重要补充。当你拥有了社会保险与商业保险，会大幅提高你的安全感，也会显著减少你对患大病的担忧。

一个现实问题是，商业保险应该如何买？

首先，要看你的家庭结构，到底是年轻人多、中年人多，还是老年人多。如果你的家庭以中年人为主，而且中年人是家庭经济的重要支柱，那么你应该优先给家里的经济支柱购买商业保险。例如，定期寿险和终身寿险等。

通过配置定期寿险和终身寿险，可以提前对冲掉被保人身故身残的风险，也可以显著降低突发变故导致家庭生活质量骤减的风险。

再者，根据自身的经济实力决定购买多少份保险。

经济实力决定你购买保险的数量，也决定你参与哪些保险。所以，在购买保险之前，你需要对自身的经济状况进行全方位的了解，提前做好预算，这样才可以更好地配置保险产品。

例如，如果你的经济实力比较强，那么你可以为家庭主要成员都配置保险。其中，老年人可以配置意外险、抗癌险和护理险，中青年人可以配置百万医疗险、重疾险、定期或终身寿险等。多元化的保险配置可以全方位覆盖所有家庭成员，为家庭带来全面的保障。如果你的经济实力偏弱，则需要根据你的收入状况合理配置保险。这种情况，建议为最重要的家庭成员进行保险配置，比如为家里的经济支柱配置保险，提升整个家庭的抗风险能力。

第四步，如果经济条件允许，做适度的资产配置，提升资产保值增值的效果。

目前，投资理财是提升资金利用率、增强资产保值增值效果的有效措施之一。投资者可以根据个人的风险偏好、风险承受能力进行合理的资产配置。用好闲置资金、把闲置资金盘活起来，可以为自己增加更多的利息收入。

如果你是保守型投资者，那么在资产配置的过程中，可以重点关注保本类型的理财产品。例如，银行定期存款、大额存单、储蓄国债、货币基金、国债逆回购等。与此同时，你可以适度利用一些策略实现无风险套利，进而提升自己的投资回报预期。通过“保本理财+无风险套利”的策略来提升整个投资组合的收益率，这是高效的资产配置技巧。

如果你是稳健型投资者，可以承受适度的本金损失风险，那么你可以选择稳健的投资品种进行分散配置。例如，银行理财产品、纯债基金、一级债基、二级债基和可转债等。通过构建有效的投资组合来提升自己的投资收益率。另外，你还可以配置少量的激进型资产来提升整体的投资收益率。“稳健理财+少量激进投资”的策略可提升整个投资组合的收益率。虽然稳健理财存在一定的本金亏损风险，但相比起保守型投资者，稳健理财可以获得更高的投资回报率。

第五步，锻炼身体，提高身体素质，这也是“防大病”的有效办法。

前述几个步骤，主要是应对突如其来的大病，做到未雨绸缪。但是，真正意义上的“防大病”，关键还是需要平时加强锻炼。只有身体好了，少生病，才是“防大病”最有效的办法。

对普通家庭来说，当家庭发生变故时，很容易“因大病致贫”。一个家庭生活质量的高低，取决于这个家庭抗风险能力的高低。

如何提升家庭的抗风险能力？关键要有针对性的应对措施。

特别是“防大病”，需要提前做好准备，而不是临近退休年龄或者生大病时才想起要“防大病”。

通过上述五个步骤，一个人“防大病”的能力将会大幅提升，风险抵御能力会显著增强，高质量的老年生活也更有保障。

理财小贴士

对普通家庭来说，一场大病会迅速降低整个家庭的生活质量。如果没有提前做好应对的准备，那么大概率难逃“大病致贫”的风险。如何防止“大病致贫”？首先，需要参加社会保险，为自己和家人提供多一份的保障。再者，需要配置一些高性价比的商业保险，同时还需要拥有一定的储蓄。此外，需要加强锻炼，平时多注意身体。只有多管齐下，才能更好地搭建起风险防御系统，提升自己及家人的抗风险能力，为高质量的老年生活提供保障。

第八章

理财规划让养老高枕无忧

生老病死是自然规律，谁也无法逃离。但是，如何过上幸福的老年生活，决定权却在自己手上。那么，你有给自己的晚年做规划吗？晚年保险应该怎样买？你应该如何做遗嘱规划？本章内容将重点剖析老年人最为关心的保险配置与遗嘱规划问题。理性和科学的理财规划，可以让我们的晚年生活幸福感拉满。

为什么要选择保险

很多人一听到保险，总有一种排斥感。因为保险的条款很复杂，基本上没有人看得懂，加上时不时听到一些负面案例——有的投保人出险了，但出险报销的流程复杂、获赔的难度大，久而久之，人们购买保险的热情不高，对保险的信任度也在不断下降。

但是站在理性的角度来看，保险是正规的商业产品，很有必要配置。我们没有必要因噎废食，不能因为对保险产品有一些固有的偏见，就不再购买保险产品。

客观来说，保险条款多、免责条件多、赔偿难度大，确实会降低保险产品的吸引力。不过，在监管日趋严格的当下，绝大多数保险产品本身没有问题，问题更多出在保险销售人员身上。

在现实生活中，有的保险人员为了冲业绩、拿提成，并没有尽到保险从业人员应有的责任，也没有把保险投资的风险完全告知客户，从而误导了客户。当客户成功投保之后，保险人员并未做到勤勉尽责，也没有提供持续跟踪服务，由此导致了客户买了保险不知道如何申请赔偿，体验感大幅降低。这是人们对保险不信任的主要原因之一。

一、国内保险与国外保险的区别

如今，人们对保险的选择比较多样化。有的人选择国内保险，觉得更放心；也有人选择国外保险，认为更规范。那么，国内保险与国外保险，到底有哪些区别呢？

最主要的区别在于：国内保险购买容易、审核宽松，但在理赔的时候会更注重细节，所以造成了投保容易、理赔困难的结果；国外保险公司在投保者投保的时候比较谨慎，会对投保者的个人资料和身体状况进行全面的审核，但在理赔的环节上却显得比较高效。简而言之，国外保险对健康告知比较严格，国内保险则相对宽松。

所以，若想投资商业保险，那么在投保之前需要根据自己的情况如实填写信息。考虑到医院信息联网的因素，如果投保人没有如实填写自己的信息，一旦到了理赔的环节，大概率是无法获得理赔的。

除了上述的区别之外，国内保险与国外保险还有其他的区别。

例如，国内保险公司的稳定性很强，不像国外保险公司，如果经营不善，就可能存在破产的风险。在国内市场，保险公司基本上不会破产倒闭，即使遇到经营不善的问题，也会被其他有实力的机构收购，保单也会得到兜底，基本上可以保障投保者的切身利益。

另外，在保障范围中，国内保险主要保障中国境内的区域，除非保单中有说明，否则基本上不保障中国境外区域。多数国外保险可以在全球大多数地区进行保障，保障范围是比较广泛的。

此外，国外保险的从业人员专业性强、服务意识较好，对客户的保险投资需求会详尽解释。当客户成功投保之后，保险人员会持续跟进客户的需求；当客户遇到出险问题，保险人员会为客户提供相应的理赔服务。与国外同行相比，国内保险从业人员的业绩考核要求更严格，一人进入保险公司，相当于全家人进入保险公司。保险人员会尽自己的能力开发亲戚、朋友和同学等人脉资源，但更多是为了更好地冲业绩、拿提成。这样一来，反而降低了他们的服务意识。客户成功投保之后，后续的服务质量会显著降低。

总体上来看，国内保险与国外保险并没有绝对的好坏之分，各有利弊。从投保者的角度考虑，最想要的是靠谱的保险，投资之后可以获得理赔，而不是投保时被热情招待，理赔的时候却被冷淡对待。

从个人的角度考虑，虽然保险确实有一些所谓的“坑”，但普通家庭依然需要配置保险产品。

二、社会保险与商业保险

一般来说，保险的分类比较多，主要分为社会保险和商业保险。其中：社会保险包括养老保险、医疗保险、失业保险、工伤保险以及生育保险；商业保险分为财产保险和人身保险。

社会保险与商业保险的主要区别体现在前者属于强制性的保险，后者属于自愿性的保险。

当你进入社会并开始工作时，用人单位必须为你购买社会保险。从缴纳比例来看：养老保险单位缴纳20%，个人缴纳8%；医疗保险单位缴纳10%，个人缴纳2%；失业保险单位缴纳1.5%，个人缴纳0.5%。工伤保险与生育保险均为单位缴纳，个人无须缴纳。当然，单位和个人的缴费比例在不同地区可能有所不同。

虽然社会保险不属于员工的福利待遇，但也是对员工的基本保障。对灵活就业人员来说，他们无须强制缴纳社会保险，而是遵循自愿参与的原则。

与商业保险相比，社会保险的确定性高、理赔能力强。对普通家庭来说，社会保险也是他们的基本保障。商业保险则是在社会保险的基础上进行补充，满足更多人的参保需求。

在参与社会保险的基础上，可以根据个人的经济实力灵活配置商业保险。一般来说，商业保险可以划分为财产险、寿险、健康险以及其他险种。常见的财产险包括车险及家庭财产险等。其中：车险又包括交强险、车辆损失险及第三方责任险等；寿险则包括定期寿险、终身寿险及年金险等；健康险包括重疾险、医疗保险及护理险等。

值得注意的是，一般不同的保险品种是针对不同的群体的。如今，保险品种变得越来越丰富，给投保者带来了一定的保障。在现实生活中，消费者应该尽量根据自身需求来配置不同的保险产品，没必要全听保险销售人员的推销而去购买一些价值不高的保险产品。基于此，如何选择更适合自己的保险产品，显得尤为重要。

三、面对多样化的保险产品，应该如何选择

如今，市面上的保险品种有很多，如何选择适合自己的保险产品却大有学问。如果没有做好充分的准备和深入研究，那么配置的保险未必能给你带来很好的保障。

对普通家庭来说，建议配置社会保险，这是个人及家庭的基本保障。如果你是灵活就业人员，那么你需要观察自己的收入是否可完全覆盖掉社会保险的费用。

在配置社会保险的基础上，需要根据个人实际情况再配置商业保险。考虑到商业保险的复杂性，对普通家庭来说，不建议盲目配置。在投资商业保险之前，需要考虑性价比。

比如，对有车一族来说，财产险、寿险、健康险该如何配置呢?

首先，需要考虑主要家庭成员的实际情况。如果家里有老人，也有小孩，同时你还拥有一辆车，那么你必须配置一份财产险。

因为你拥有车辆，所以在财产险的配置上，首先考虑车险。然后，根据车辆的实际价值以及个人的驾驶技术来配置相应的车险。

如果你是老司机，而且你的车辆价值低于20万元，那么在配置交强险的基础上，可以增加配置第三方责任险。如果你的车辆价值高于20万元，甚至是百万元豪车，那么建议你增加配置车损险。这样的话，若遇到突发情况，可以最大限度保障自身的切身利益。

在寿险的配置上，如果你具备一定的经济实力，可以考虑定期寿险和终身寿险。从价格来看，定期寿险的价格更便宜，基本上可以满足投保人的基本需求。

在健康险的配置方面，如果你的经济实力一般，但又希望给家人提供必要的保障，那么“意外险+医疗险”的搭配更可能满足你的投保需求。假如你的经济实力不错，那么你可以选择增配重疾险，提升自己及家人的保障能力。

在其他保险方面，如果你的家里养有宠物，那么你可以配置宠物保险。

这样一旦发生问题，也能尽可能减少损失。

从总体来看，人到了中年阶段，配置健康险是很有必要的。如果你是有车一族或者具备较好的经济实力，那么你可以增配财产险、寿险以及其他保险，全方位保障自己及家人的利益。事实上，配置保险的主要目的不是赚多少钱，而是为家庭撑起一把保护伞。

理财小贴士

基于某些原因，有的人对保险有一定的成见，然而，必须指出的是，在现实生活中，我们都离不开保险。买保险的主要目的不是赚多少钱，而是防止“因病返贫”，降低自己及家庭的突发风险。当然，买保险是有讲究的，最好是根据自身实际需求进行选择。这样相当于为家庭撑起一把保护伞。

中年人如何科学地配置保险

不同年龄段的人对保险的配置要求各不相同。如果你对保险品种有特别的需求，那么你配置保险的方法与其他人的配置方法也会存在比较大的区别。

配置保险不仅需要考虑自身的经济实力、年龄以及健康状况，还需要考虑哪些保险产品更适合自己。比如，中年人的保险配置和年轻人的就不太一样。

一、不同年龄段的人的保险配置需求

不同年龄段的人的保险配置需求肯定是有所不同的。例如：年轻人在配置保险时，可以从长远的角度来规划自己的保险配置计划；或者趁年轻多赚钱，配置更具性价比的保险。这样到了中晚年的时候，可以让自己的晚年生活质量更高。

在具体的保险配置上，年轻人可以根据个人经济实力进行保险配置。如果你的经济实力比较强，那么你可以考虑配置重疾险。如果你的经济实力一般，那么你可以考虑百万医疗险。

需要注意的是，重疾险的费用成本比较高，但赔付方式是一次性给付；百万医疗险的费用成本较低，赔付方式是实报实销。

肯定有人会问："中年人应该如何科学地配置保险呢？"

实话实说，中年人的生活压力很大。因为他们正处于"上有老，下有小"的状态。这个时候，对普通家庭来说，他们很难拿出资金来购买商业保险，就算勉强凑一凑，也只能买1～2款保险产品。

因此，这个时候就特别考验投保人的筛选能力。比较重要的一步，是需要对保险产品进行排序。例如，哪一款是最重要的，哪一款没有那么重要。只有做好排序，才能够知道自己适合购买哪些保险产品。

人到中年，收入增速开始放缓，甚至开始形成下降趋势。此时，家里的经济支柱将会肩负起重要的责任。一旦家庭经济支柱发生了变故，将会影响整个家庭的生活质量水平。

如果你有一些闲置资金，那么你可以考虑购买定期寿险或终身寿险。一般来说，定期寿险的价格会更便宜，终身寿险的价格会更高。如果你还有剩余的钱，那么你可以考虑购买百万医疗险和意外险。如果你只能够二选一，那么优先选择百万医疗险。当然，假如你的经济实力不错，重疾险也可以考虑。

值得注意的是，随着年龄越来越大，你投资保险的成本也会越来越高。同一款保险产品，25岁投保与45岁投保的价格是不同的。如果到了65岁，可以筛选的保险更少了。

当然，对老年人来说，配置保险的要求与年轻人、中年人同样有着不小的区别。

在实际情况中，不少保险产品到了60岁之后就无法投保了。因此，对60岁及以上的老年人来说，如何选择合适的保险产品更为重要。

对老年人来说，60岁之后，不建议配置重疾险和医疗险。一方面是受投保年龄的限制；另一方面是投保的性价比很低，参与价值不高。与此同时，当一个人到了60岁时，身体健康状况也会发生变化，可能会有一些慢性疾病，基本上不符合投保的要求。

具体来说，60岁及以上年龄的人，已经不能购买工伤保险、商业养老年金险等。至于重疾险、百万医疗险和寿险等，随着年龄增长，投保费用会越来越高，很多时候投保费用可能比赔付金额高，性价比相当低，投保的意义并不大。

从实践效果来看，60岁及以上年龄的人比较适合配置意外险、抗癌险和长期护理险等。不过，不同的保险公司，在产品的投保时间上会有不同的投保要求。有的投保最高年龄是65岁，有的是70岁，投保者需要看清楚具体的保险条款再进行投保。

此外，如果你在70岁投保，刚好是投保的年龄上限。在此之后，你需要一直续保下去。如果你中途退保，那么基本上无法重新投保了。因为你的年龄已经超过了投保年龄上限。所以，对老年人来说，如果选出合适自己的保险产品，并且参与投保之后，就不要轻易退出，否则将会无法满足再次投保的年龄要求。

从总体上来说，中年人对保险产品的选择比较多。一旦进入60岁，适合投保的产品会越来越少，同时，保费也会随着年龄增长而变贵。所以，保险配置需趁早。

二、不同经济条件下的保险配置需求

上面提到了不同年龄段的保险配置需求，接下来我们谈一谈不同经济条件下的保险配置需求。

与社会保险相比，商业保险的投保成本更高，所以并不是每个人都具备投保商业保险的经济条件的。因此，在实际操作中，我们需要根据个人的经济实力合理投保商业保险。

当你购买了社会保险之后，可以根据个人经济实力及个人健康状况选择适合的商业保险。

假如你的经济实力比较差，购买社会保险之后，可支配的资金就所剩无几了，你再增配商业保险的能力有限，那么你可以选择由当地政府主导的商业保险。例如，穗岁康、惠民保等。以穗岁康为例，穗岁康是由广州市人民政府批准同意，并由广州市医疗保障局指导设计的城市定制型普惠型商业补充健康保险产品。虽然它属于商业保险的性质，却有着普惠性的特征。所以它与一般的商业保险有着一定的区别。

因为它的价格具有普惠性，且具有政府指导价的特征，所以它的性价比是比较高的。“花小钱、治大病”，这是城市定制型普惠型商业保险的重要特征。

在社会保险的基础上，叠加城市定制型普惠型的商业保险，可以较好地保障投保人。对经济实力较差的家庭来说，这是一个不错的选择。

如果你的经济实力属于中等水平，那么你在投资社会保险的基础上增配一些性价比高的商业保险，可以更好地保障自己的利益。

在实际操作中，如果你处于中年阶段，那么你可以选择百万医疗险及意外险等；假如你的健康状况不符合投保百万医疗险，那么你可以选择替代产品。例如，抗癌险、惠民保及穗岁康等。此外，你还可以通过商业保险的搭配来达到最佳的保障效果。

假如你的经济实力比较强，那么你可以考虑给家庭主要成员都配置保险。在社会保险的基础上再配上商业保险，可以更好地保障每一个家庭成员的健康。例如，给孩子配上儿童医疗险、少儿重大疾病保险等。如果你还有余钱，那么你可以给孩子配上儿童教育保险等。

如果家中有60岁及以上年龄的老年人，建议搭配抗癌险、意外险、惠民保及穗岁康等。通过多元化的保险搭配，全方位保障家庭主要成员的切身利益。

理财小贴士

中年人买保险，需要进行有针对性的配置。保险配置并不是越多越好。从理性的角度出发，中年人应该侧重于定期寿险、百万医疗险及意外险等，而老年人应该倾向于护理险、抗癌险及意外险等。总之，青年人、中年人与老年人所处的人生阶段不同，保险配置的需求也不同。因此，在保险品种的选择上，只有根据个人的具体需求进行科学配置，才能达到理想效果。

订立遗嘱的重要性

人的一生，离不开生老病死。每个人都逃不过死亡的命运。相信大家从媒体上看到过很多富豪去世后，家庭成员对遗产进行激烈争夺的案例。在现实生活中，也有不少因为家产分配问题而吵得不可开交、家人反目成仇的案例。之所以出现这种尴尬的局面，归根到底，是因为老人生前没有订立好遗嘱，没有妥善安排好遗产分配，最终引爆家庭矛盾。

事实上，在现代社会，订立遗嘱已经变得日趋流行。这是一种对家庭成员负责任的做法。

为什么要订立遗嘱？订立遗嘱的目的是交代好身后事，保障自己百年之后子女们的切身利益。

如果你提前订立好遗嘱，就无须担心自己百年之后，孩子们的利益得不到保障，甚至因为争夺财产而大打出手。

一、什么样的遗嘱才具有法律效力

首先，我们需要了解遗嘱的定义。遗嘱指的是人生前在法律允许的范围内，用文字、录音录像或口头等方式嘱咐的遗产归属或其他事务。

再者，具备法律效力的遗嘱，要求遗嘱人必须是具备完全民事行为能力的成年人，而且遗嘱人的精神状态正常。同时，遗嘱人必须是根据自己的意愿表达出自己的真实意思，并不是在受到威胁、欺骗的状况下订立遗嘱。

此外，遗嘱内容必须具备合法性，并且不得违反法律、行政法规等。

二、遗嘱的主要分类

了解了遗嘱的定义、属性之后，接下来再看看遗嘱的分类（见图8–3–1）。

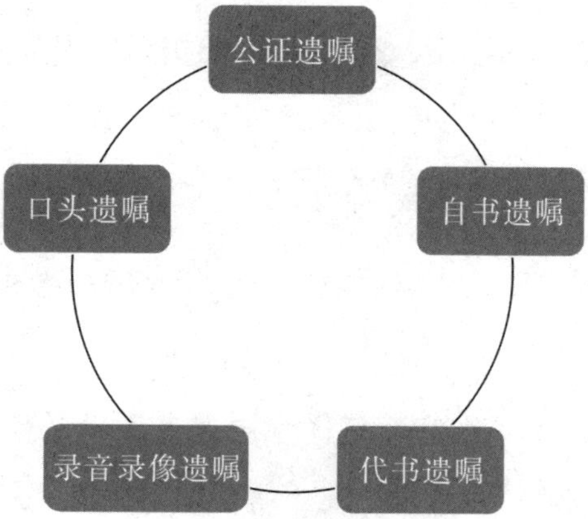

图8-3-1　遗嘱的几种形式

一般来说，遗嘱可以分为几种形式，包括公证遗嘱、自书遗嘱、代书遗嘱、录音录像遗嘱、口头遗嘱等。其中，公证遗嘱由公证机构办理，真实性和规范性通常更有保障。所以，如果当事人想要订立遗嘱，而且不希望遗嘱发生问题，那么最好采取公证遗嘱的形式。

除了公证遗嘱之外，如果遗嘱由遗嘱人亲笔书写，而且字迹经过辨认确认为本人书写的，同样具有法律效力。这种遗嘱属于自书遗嘱。

另外，遗嘱人可以通过录音录像、口头嘱咐等方式订立遗嘱，也可以委托他人代写遗嘱。这些都是目前常见的遗嘱订立方式。

在实际操作中，后面几种方式容易产生纠纷。例如，口头遗嘱只是依靠见证人来表述，如果见证人没有录音录像，那么很容易会发生遗嘱内容表述不清等问题，最终可能出现扯皮现象。针对录音录像遗嘱，如今的科学技术比较发达，完全有可能会出现通过AI技术改变录音录像内容的问题。如果录音录像内容被人为修改，那么相当于违背当事人的真实意愿，出现财产纠纷的可能性比较大。

因此，除了公证遗嘱之外，其他遗嘱订立方式也存在一定的风险。从安全角度出发，如果当事人打算订立遗嘱，那么务必选择合适的订立遗嘱的方式，以便减少不必要的纠纷。

三、订立遗嘱很重要

随着人们法律意识的增强，越来越多人选择在自己生前订立遗嘱。当一个人到了一定的年龄，在头脑清晰、表达能力正常的时候，提前订立遗嘱是很有必要的。订立遗嘱为何重要？原因有以下几点。

第一，订立遗嘱可以减少日后可能产生的家庭纠纷和矛盾，有利于家庭的团结。

从高净值家庭到普通家庭，每逢家中老人离世，难免会存在遗产分配的问题。如果分配不公，就容易产生矛盾，发生纠纷。如果没有提前订立遗嘱，那么某些强势的家庭成员可能侵占其他继承人的合法权益。对绝大多数订立遗嘱的当事人来说，他们都希望家庭和睦、子女幸福，所以通过合法合规的渠道订立遗嘱，最大限度减少不必要的纠纷，保障家庭的长期稳定经营。

第二，通过提前订立遗嘱，尽可能保障经济条件比较差的继承人的利益。

在兄弟姐妹较多的家庭中，有的人经济实力雄厚，有的人经济条件不好。对老人来说，同样是自己的子女，往往很想照顾经济条件不好的继承人，在遗产分配中给他们多分配一些。如果老人在生前订立了遗嘱，那么当老人离世之后，即使其他继承人不同意，也必须严格按照老人订立的遗嘱内容执行，从法律层面保障经济条件不好的继承人的切身利益。

假如没有遗嘱的保护，那么经济条件不好的继承人可能无法得到照顾。

第三，提前订立遗嘱得到法律保障，具备法律效力。

当老人去世之后，有时候会出现一些贪心的亲戚争夺财产。假如老人名下有房产、有存款，可能会有一些并不合法的继承人声称自己拥有财产分配的权利。

按照《中华人民共和国民法典》遗产继承顺序，第一顺序是配偶、子女、父母，第二顺序是兄弟姐妹、祖父母、外祖父母。

如果老人生前没有订立遗嘱，而且老人的子女、兄弟姐妹比较多，那么很有可能出现不必要的纠纷。

如果老人生前订立了遗嘱，那么遗产分配就会根据老人订立的遗嘱内容进行分配，隔离那些别有用心的人。

第四，遗嘱人对遗产的分配意愿得到尊重。

有的遗嘱人希望自己离世后，把部分遗产捐给慈善机构，或者把部分遗产捐给学校等。如果生前没有订立好遗嘱，那么当遗嘱人离世之后，可能会产生很多纠纷，遗嘱人的意愿未必可以得到执行。

在实际情况中，即使子女不满意老人对遗产的分配安排，但只要老人订立了遗嘱并得到法律保护，子女就不能随意占用老人的遗产，这是违背遗嘱分配安排的做法。

如果当事人不希望自己的遗嘱有任何问题，那么最好的方式是进行公证遗嘱，根据自己的意愿订立遗嘱。这样可以保障遗嘱的合法性，也可以让当事人的意愿得到尊重。

总之，生老病死是每个人都绕不开的问题，提前订立好遗嘱，会减少很多不必要的麻烦。

理财小贴士

每个人都离不开生老病死，用平常心看待死亡，并提前订立好遗嘱，将会影响子孙们的未来生活。在现实生活中，很多家庭因遗产分配问题，最终反目成仇，实在令人唏嘘。因此，根据自身的真实想法，提前订立受法律保护的遗嘱极为重要。这是现代社会日趋流行且对家庭成员负责任的一种做法。

遗嘱规划该注意些什么

上一节讲到了订立遗嘱的重要性。本节内容将重点讲解遗嘱规划该注意些什么。

人生不过短短几十年，无论贫穷贵贱，每个人都绕不开生老病死。订立遗嘱的目的是尽可能地减少或排除老人离世之后的家庭纠纷和矛盾。通过提前订立遗嘱，可以更好地实现个人意愿、保障继承人的合法权益。

一、遗嘱规划的关键步骤

如果当事人准备订立遗嘱，需要严格按照以下的步骤进行操作。

第一步，在订立遗嘱之前，你需要清晰了解自己的真实意愿。

这个步骤将会影响你的遗产分配结果。如果你想把自己的遗产捐给社会或学校等布施行善，那么你需要提前想清楚自己的遗产分配计划；如果你想让经济实力比较弱的子女继承更多的遗产，那么你也需要想清楚自己的遗产该如何分配。

第二步，选择一种更好的遗嘱形式。

对于遗嘱的形式，推荐选择公证遗嘱。除此以外，自书遗嘱、代书遗嘱、录音录像遗嘱等也是常见的形式。

值得注意的是，如果你选择代书遗嘱、录音录像遗嘱，那么你最好安排两位见证者，并在见证者的见证下，完成你的遗嘱安排。不过，见证人不能随意寻找，不能是遗嘱继承人、受益人或者受益人配偶，也不能是未成年人，因为见证人需要具备完全民事行为的能力。这个规定主要是防止遗嘱继承人、受益人等出于自身利益的考虑，影响遗嘱的真实性。

第三步，明确遗嘱内容，并列出关键信息。

在一份有效的遗嘱中，应列出以下关键信息：一是载明遗嘱人的姓名、身份信息等。二是需要在遗嘱中列出受益人、受益对象的具体名称、具体信息。填写完上述两项内容之后，需要写明财产的具体分配方式以及分配原因。三是签上自己的名字和具体日期，还需要注明遗嘱内容无误，不存在歧义，保证遗嘱内容清晰。

第四步，遗嘱内容需要定期更新，如有特别事项需要及时补充。

在实际情况中，如果你的遗嘱内容需要补充，或者你的家庭结构发生了变化，那么你需要及时补充相关的信息，以保证遗嘱内容的完整性。因此，如果订立遗嘱的人还在世，那么他需要定期更新自己的遗嘱内容，及时补充重要信息，避免遗漏重要信息。

第五步，通过正规途径保管遗嘱，确保遗嘱的安全性。

保管遗嘱的方式比较灵活，既可以自己保管，也可以委托公证机构等保管。其中，最稳妥的保管方式是委托公证机构进行保管。因为公证机构的保管流程更规范和严格，从密封、存放，再到备案，可以更好地保管委托人的遗嘱，保障委托人的合法权益。

通过上述步骤，一份具有法律效力的遗嘱就订立完成了。在遗嘱生效之前，当事人必须保证遗嘱内容的安全性和完整性。

二、遗嘱规划应该注意些什么

在遗嘱内容中，对于遗产的规划，会影响继承人的切身利益，也会影响遗产分配的合理性与公平性。

在规划遗嘱内容之前，你需要深入了解自己家庭的成员以及家庭财务状况。例如，你有多少子女、多少房产、多少存款以及多少负债等。当你对自己和家庭的基本信息有一个清晰的了解之后，接下来你可以根据自己的意愿进行遗产规划。

在实际操作中，你需要对自己的子女或者继承人进行评分，然后根据他们的评分给出各自的遗产分配比例。考虑到立遗嘱人的切身利益，遗产分配的标准由立遗嘱人自行确定，无须告知其他人。

比如：你有3个孩子，如果你认为大儿子很孝顺，平时对自己特别照顾，那么你可以给大儿子更高的遗产分配比例；如果你认为小女儿平时都不探望自己，而且对自己也不是很照顾，那么你可以给小女儿较低的遗产分配比例。换言之，你可以根据继承人的实际表现进行评分，然后再根据评分进行遗产分配比例的设置。这样会显得更为合理。

如果你拥有一套房产，而且这套房产具有很好的历史价值，你希望这套房子可以一直传承下去，那么你在做遗产分配的时候，应该尽可能地把房产所有权交给一个靠谱的继承人。因为只有靠谱的继承人，才会懂得珍惜它。如果你交给了一个很贪钱的继承人，那么当你离世之后，继承人很有可能把你的房产出售，无法实现你的意愿。

值得一提的是，在遗产分配的过程中，你还需要考虑继承人子女的问题，也就是你的孙子孙女辈。如果继承人拥有儿女，那么可以考虑多给他们一些遗产。对没有儿女的继承人，可以少分配一些遗产。因为：有了儿女的继承人，他们的经济负担会更大；没有儿女的继承人，对财产的需求没有那么大。

理财小贴士

对中年人来说，订立遗嘱是一件比较重要的事情。在订立遗嘱的过程中，遗产如何分配是遗嘱规划的核心问题。每个家庭的继承人数量、家庭环境和经济条件不同，每个家庭的遗嘱规划也有所不同。遗嘱规划需要从多个方面进行综合考虑。只有订立出合理并受到法律保护的遗嘱，才能尽可能地减少家庭纠纷，让继承人可以长期和谐相处。